LOS
DIOSES
QUE NOS
HABITAN

JULIO ZARCO

LOS DIOSES QUE NOS HABITAN

La sabiduría perenne:
claves para un cambio de mirada

Biblos

Primera edición: noviembre de 2025

© Julio Zarco
© Editatum
www.editatum.com
www.libros-biblos.com

Diseño de cubierta: © Marta Villarín (EDITATUM)
Maquetación de interior: © EDITATUM
ISBN: 979-13-87539-77-1
Depósito legal: M-21610-2025
Impreso en España–*Printed in Spain*

Índice

La mayoría de las personas son como una hoja que cae, se mueve y gira en el aire, revolotea y cae al suelo; pero algunas otras son como estrellas que recorren un camino definido: ningún viento las alcanza, ellas tienen dentro de sí mismos su guía y camino.

Siddartha
Hermann Hesse

Prólogo

Sinceramente, creo que Julio Zarco ha logrado desarrollar y dar forma comprensible a la intuición que menciona en su presentación. No es tarea fácil, pues los campos del conocimiento tienden a fragmentarse cada vez más con el avance de las especialidades. La tendencia natural de la ciencia contemporánea es la separación, la delimitación de territorios y la multiplicación de lenguajes técnicos; sin embargo, Julio Zarco consigue —y lo hace de manera brillante— tender un puente entre la medicina, el mundo de las ideas y el ámbito de lo sagrado; o, mejor dicho, nos invita ea reconocer que forman parte de un mismo sujeto: el ser humano en toda su complejidad.

En primer lugar, debo felicitarlo sinceramente. Algunos podrán poner en duda ciertas afirmaciones poco concretas en relación con las distintas disciplinas que aborda este libro, pero creo que quienes lo hagan no habrán comprendido el verdadero sentido de la obra y, además, habrán olvidado el título que la encabeza: *Los dioses que nos habitan. La sabiduría perenne: claves para un cambio de mirada.* Ese «cambio de mirada» es, en sí mismo, una forma de medicina humanista de la que conviene volver a hablar.

Acompañado a menudo por las ideas de James Hillman, aunque también por las de otros grandes pensadores, Zarco nos habla de medicina. No de cualquier medicina, sino de la medicina de familia y comunitaria, que constituye su especialidad; es decir, nos habla de una práctica que entiende la curación del ser humano en toda su extensión, no solo en su dimensión corporal, sino también en su vertiente psicológica, emocional y espiritual.

Su ambición más íntima —aunque él la exprese con discreción— es la de ser un chamán o un cura, en el sentido originario del término, «aquel que cura». Pero, lejos de recurrir a fórmulas arcaicas, Julio Zarco emplea las herramientas propias del mundo contemporáneo, sin renunciar por ello a una mirada amplia, simbólica y trascendente. Argumenta con los recursos más sólidos que tiene a su alcance, pero, en el fondo, su corazón late por algo más grande: la curación completa del ser humano, el despertar de esos dioses que nos habitan.

Julio Zarco es médico, y ejerce como tal; sin embargo —y lo digo con cierta cautela—, creo que en sus deseos más profundos aspira a ser un *iatros,* término griego que designa al médico y que, según Homero, describe a «un hombre que vale por muchos», socialmente reconocido como *demioergós,* es decir, servidor público. No sería extraño imaginarlo como un nuevo Hipócrates, dispuesto a escribir —o reescribir— con él el célebre juramento que compromete al médico en su labor ética; o incluso como un moderno Quirón, el sabio centauro que transmitió a Asclepio el arte de sanar. Toda esa herencia mítica y filosófica, sin embargo, requiere traducirse al lenguaje del siglo XXI, y esa es justamente la tarea que Zarco se impone.

Su trayectoria académica y profesional es, por sí sola, impresionante: licenciado y doctorado por la Universidad Complutense de Madrid, presidente de la Sociedad Española de Médicos de Atención Primaria, viceconsejero de Sanidad de la Comunidad de Madrid, presidente de la Fundación Humana, académico de número de la Real Academia Nacional de Medicina —es el primer especialista en medicina de familia en acceder a esta institución—, profesor universitario y, ante todo, médico. Y, sin embargo, ninguna de estas distinciones agota lo esencial de su pensamiento.

Porque lo que realmente le preocupa y ocupa es algo más profundo: la búsqueda de una medicina humanista, capaz de acompañar al ser humano en su totalidad. En este camino, Zarco encuentra en Jung y Hillman dos referentes decisivos. Sobre el primero afirma: «El *Libro Rojo* se convierte en el renacimiento de la imagen de Dios en el alma del ser humano». Y sobre Hillman destaca su convicción de que la psicología profunda debe ir más allá de la terapia individual para conducirnos a una experiencia vital que devuelva al corazón y al alma su antigua dignidad.

Zarco recoge y desarrolla esta antigua sabiduría desde la filosofía griega y, de manera particular, desde la llamada *filosofía perenne*. En este terreno sigue con especial atención a pensadores como Frithjof Schuon, Titus Burckhardt o Martin Lings, sin olvidar la influencia decisiva de René Guénon, verdadero fundador del tradicionalismo.

A través de Jung, Julio Zarco llega al círculo *Eranos,* creado por Olga Fröbe–Kapteyn, donde convergieron figuras fundamentales de la espiritualidad moderna como Mircea Eliade, Gershom Scholem, Martin Buber o Henry Corbin. De este último toma Zarco su concepción de la imaginación activa, entendida como un medio de acceso a lo absoluto. En este sentido, la imaginación se convierte en órgano de lo divino, pues el mundo entero puede ser visto como un espejo en el que se refleja la luz de Dios.

Asimismo, la influencia de Pierre Hadot resulta esencial. Este filósofo, especialista en el mundo clásico, concibió la filosofía como un arte de vivir y como un ejercicio espiritual de purificación y transformación. Zarco lo cita con entusiasmo: «La filosofía es un arte de amar, ver, entender y vivir. Es un método de purificación y de ascensión espiritual que requiere de una transformación radical de uno mismo».

No obstante, el autor de este libro se reconoce, sobre todo, discípulo de James Hillman, cuyo pensamiento imaginal se inscribe en la larga tradición occidental del simbolismo y la filosofía participativa.

En definitiva, este libro es mucho más que un ensayo: es una meditación profunda, una invitación a reconocer que los dioses dormidos en el corazón de cada uno de nosotros pueden despertar y devolvernos a nuestra condición más genuina: la de ser plenamente humanos y, al mismo tiempo, compañeros de los dioses.

El lector que se adentre en sus páginas encontrará pronto la confesión del propio autor: «Mi vida siempre ha estado perseguida por esta insistente idea, por ese "hay algo más" que el mundo físico y material que es tangible y nos rodea. Lo curioso es que no puedo llegar a vislumbrar de dónde me viene esa idea. Es una intuición…». Esa intuición es, precisamente, el motor de esta obra y la semilla de un pensamiento que se atreve a unir la ciencia, la filosofía y lo sagrado en una sola mirada.

Raimon Arola
Doctor en Historia del Arte y profesor de la
Universidad de Barcelona

Introducción

Este es un libro sobre una manera distinta de ver el mundo y, por lo tanto, un modo diferente de ver y entender al ser humano. Dicha visión no es mejor ni peor, no es más verdadera ni más auténtica, es una manera diferente, y es la forma en la que yo veo el mundo, mi universo y el ser humano que la habita. Debo decir que esta visión no es excluyente, ni es una visión particular y especialmente mía. Ha trascendido los tiempos a lo largo de siglos, pero creo que cobra más valor en los tiempos que corren, en la cual el pensamiento trashumanista y la inteligencia artificial forman parte de nuestra vida cotidiana. Esta es una obra que se centra en actualizar esa forma de percibir el cosmos y el ser humano. Nos interesaremos por el psicólogo americano James Hillman, discípulo de Carl Gustav Jung y, posiblemente, uno de los mejores embajadores contemporáneos de esta forma distinta de percibir el mundo y al ser humano. Él denominó esta forma de entender la mente de los individuos como «psicología arquetipal» o «psicología imaginal», que es directamente heredera de la psicología profunda de Jung. No obstante, esta psicología está directamente relacionada con la filosofía, la mitología y, muy especialmente, la espiritualidad. A principio del siglo XX, el escritor y Premio Nobel de Literatura Aldoux Huxley acuñó un término para esta forma de pensar que llega hasta nuestros tiempos: «pensamiento tradicionalista». Algunos la denominan «filosofía perennialista», la *pistis sophia* clásica. James Hillman recoge este pensamiento, lo reactualiza y nos brinda una forma profunda y espiritual de comprender la realidad. Veremos que en este pensamiento cobra una gran importancia la imaginación, como uno de los elementos fundamentales de conocimiento.

Tradiciones espirituales tan ancestrales como el sufismo basan una gran parte de su percepción de la realidad divina en la imaginación. Veremos que, igual que la imaginación, cobra una gran importancia la memoria, como así se puso en evidencia en la obra de Giordano Bruno y del español Raimon Llull.

La pensadora contemporánea Frances Yates nos ha legado importantes estudios sobre el arte de la memoria que han llevado al terreno de lo académico, la imaginación y la memoria, para dotarles de una importante dimensión ontológica.

El interés por la obra de James Hillman no es puramente académica o intelectual, sino que ofrece claves prácticas que facilitan al ser humano contemporáneo una nueva visión del mundo. Durante los últimos tres siglos la visión mecanicista del universo ha generado una metáfora del mundo que nos ha hecho avanzar a pasos de gigante en la ciencia y la tecnología.

En la actualidad, el ser humano o es científico o no es nada. La filosofía se ha desvirtualizado de su propósito original y se ha convertido en una entelequia intelectual, cuando su propósito inicial era dotar al ser humano de una visión *especial* que nos haga percibir la realidad desde dentro y conseguir perfeccionar nuestra naturaleza.

El método científico recoge el pensamiento aristotélico y, utilizando la matemática como herramienta utilitarista, disecciona la realidad fragmentándola y haciendo estallar por los aires el fenómeno para observar a la realidad por cachitos.

La Revolución francesa y la Revolución Industrial fomentan una forma de pensar en la que el universo se convierte en un frío laboratorio y en una máquina ciega, y sitúan al ser humano fuera de esta compleja realidad, para que pueda convertirse en observador, sin percatarse de que el observador es a su vez lo observado.

El ser humano, es decir, el observador se convierte en algo ajeno al mundo, en una realidad distinta, ajena y enajenada del universo. Es este pensamiento cosificado y objetivante el que ha hecho avanzar la ciencia y la tecnología hasta los actuales logros.

Pero la pregunta es: ¿es esta la verdadera realidad? La ciencia de vanguardia nos muestra una cara del universo bastante distinta a esta realidad fría y objetiva y esta cara es bastante más parecida a algunas metáforas de otra forma de pensar más cercana a las grandes tradiciones espirituales de la humanidad.

Mucha de la producción científica más avanzada del mundo actual del siglo XXI, está más próxima a los Vedas, la filosofía pitagórica o el sufismo que a Descartes y Newton.

En este texto, y a través de la obra de James Hillman, rastreamos esta visión poética de la existencia que nos conecta a un mundo con alma, el *anima mundi,* para poder sacralizar el cosmos y el ser humano. Como decía el pensador Alan Watts, el ser humano es el cosmos mirándose a sí mismo, lo cual es lo mismo que decir que el ser humano es Dios mirándose a la cara.

Como veremos más adelante, el origen de esta forma de pensar parece estar en las arenas de Egipto y en la antigua Sumeria, al igual que de manera simultánea apareció en el rico subcontinente indio. No obstante, debemos rastrear nuestros orígenes ancestrales y raíces en la Grecia prehomérica, en los mitos órficos, este es el origen de toda nuestra cultura. Por ello James Hillman nos reprende diciendo que en las mesillas de los hoteles, en vez de una Biblia, debería estar la *Odisea* de Homero. Busquemos el origen de nuestro pensamiento de la mano de James Hillman para reencantar el universo.

Breve biografía «daimónica»

Estoy convencido de que el destino existe y creo profundamente en las causalidades. En el vasto y rico tapiz de la existencia, no podemos llegar a contemplar nada más que aspectos parciales de la realidad, hilos y dibujos locales que no permiten que aprehendamos el conjunto. Nuestro cerebro, a través de la percepción y con la herramienta más poderosa que nos ha dado la evolución, la mente, solo es capaz de percibir pequeños atisbos y destellos de lo auténticamente real.

Mi vida siempre ha estado perseguida por esta insistente idea, por ese «hay algo más que el mundo físico y material que es tangible y nos rodea». Lo curioso es que no puedo llegar a vislumbrar de dónde me viene esa idea. Es una intuición y no me viene dada de mi entorno, ni de mi familia, viene de otro lugar, pero no puedo llegar a saber a ciencia cierta ni qué lugar, ni dónde está y cómo llega a mí. No es una idea inculcada por la religión, pues no es una idea religiosa, podríamos decir que es una idea ontológica, existencial y formó parte de mi existencia desde que yo era un niño. Este libro es el producto de esta intuición que hace más de cincuenta años, formaba parte de mí y yo, por aquel entonces, no sabía darle forma.

Tan solo, querido lector, voy a dar algunos breves datos personales que pienso pueden dar fuerza y coherencia existencial al libro que tienes entre tus manos. Supongo que para el lector que no me conoce estos datos son simples anécdotas carentes de trascendencia, pero en mi caso representan ideas, fuerzas, sentimientos y experiencias que han marcado mi vida. Como veremos a lo largo de estas páginas, podríamos decir que lo que aquí relataré son llamadas de mi *daimon*. Sócrates habló del *daimon*, una tenue voz que habla en el interior y que marca teleológicamente la vida de las personas.

El ser humano debe aprender a oír su voz y seguir sus indicaciones para que la vida sea plena. Esta creencia llevó a Sócrates a la cicuta y a la muerte. Yo creo en el *daimon*, pues escuché tempranamente su voz.

Mi familia no era especialmente religiosa, y aunque criado en la moral católica imperante y con una madre creyente, pero no practicante, no tuve una gran educación formal religiosa. Recuerdo que, con cuatro años, habiendo acudido por primera vez al colegio, tuve un sueño intenso que aún recuerdo con nitidez. Soñaba yo que estaba en mi clase de preescolar y un Cristo con la cruz a cuestas recorría el pasillo de la clase para pararse delante de mí, mirarme y proseguir su procesión hasta perderse en la lejanía. No experimenté miedo ni temor alguno, solo sentí el privilegio de haber sido el elegido: él se paró y me miró. No interpreto ni saco conclusiones, solo refiero algunos hechos que, a mi modo de ver, son importantes en mi vida y que aún guardo profundamente en mi memoria.

Pasado el tiempo, tenía yo unos siete u ocho años, mis padres me compraron una enciclopedia mundial, supuestamente para que pudiera ser un diccionario de consulta para mis trabajos escolares. Yo pasaba largo tiempo ojeando las fotografías y dibujos de los doce tomos que constituían esa enciclopedia del conocimiento. Mi atención se fijó en tres individuos, no entendiendo por qué. Mi intuición es que estos personajes eran grandes sabios de la antigüedad y que atesoraban un conocimiento oculto que estaba allí para ser revelado por mí. Cuando leía sus biografías intuía este hecho, pero apenas llegaba a entender nada de lo allí descrito. Estos personajes históricos fueron Sócrates, Platón y Carl Gustav Jung. Me sorprendo en la actualidad cuando veo los hilos del destino cómo son movidos sutilmente por una mano oculta. Sócrates maestro de Platón, Platón inspirador del modelo de psique de Jung. En aquel entonces no podía saberlo, ahora sí lo sé. Mi obsesión era tal que llegué a dibujar el rostro de Sócrates y Platón para pegarlo en un llavero que llevaba en mi bolsillo, a modo de recordatorio de dónde procedía la fuente de la sabiduría.

Cuando tenía unos trece años acudía con regularidad semanal con mi madre a una librería del centro de la ciudad, ojeaba todos los libros sapienciales y de filosofía, y compraba los libros de Jung y los diálogos de Platón. Mi madre me decía que comprara algo más adecuado a mi edad, pero yo quería tener ese conocimiento cerca de mí. Aún recuerdo con nitidez mi primer libro de Jung, *Aion, símbolos de trasformación*. En portada aparecía una foto del autor esculpiendo una gran piedra en su casa de Bollingen. Entonces tampoco entendía aquella pulsión; ahora trato de buscar sentido a ello.

Durante mis estudios de medicina y mi doctorado en psiquiatría y en humanidades seguí profundizando en mis estudios de filosofía, espiritualidad, Antropología y ciencias afines. Llegó la hora de realizar la tesis doctoral, con el profesor Pedro Laín Entralgo y el profesor Diego Gracia. La idea era realizar un trabajo sobre la génesis del pensamiento de Santiago Ramón y Cajal y su confrontación intelectual con Golgi. Santiago Ramón y Cajal había marcado mis inquietudes intelectuales, pero un sueño cambió mi destino. Fue un sueño mágico, vivo y a la vez envuelto en una atmósfera numinosa. Yo me encontraba en una noche fría y nevada de un pequeño pueblo con casas de madera. Había silencio y no sabía qué hacia allí. Me llamó la atención una casa y decidí pasar al interior. Había una puerta de cristal que debía abrir para pasar la puerta de madera maciza que daba acceso al hogar. La puerta se abrió sola y allí majestuosa apareció una gran figura que realizaba movimientos lentos y armónicos como una danza. Me miró, agachó la cabeza y se marchó. Era Carl Gustav Jung y yo estaba con él. Ese sueño dejó una profunda impresión en mí. Decidí cambiar el tema de mi tesis doctoral. Cambié mi interés de Cajal por Jung. Realizar la tesis sobre Jung tenía un problema y era la consulta de los originales, pues yo desconocía el alemán que escribía Jung con su compleja prosa, así que busqué los textos en inglés. De esta manera, llegué a un autor para mí desconocido que había sido discípulo de Jung y que había inaugurado toda una corriente de pensamiento a partir de la obra de Jung, y toda en ella en inglés: era James Hillman, un americano que aún vivía y trabajaba. Este feliz encuentro me llevó desde Hillman hasta Jung y me volvió a conectar con un linaje de pensamiento que nunca había desaparecido de mí, pero que estaba algo olvidado.

Comencé a trabajar en mi tesis doctoral buscando la guía y el apoyo de James Hillman, que me ha acompañado hasta su reciente fallecimiento en el año 2018. Mi tesis doctoral: «Interpretación de la obra de Gustavo Adolfo Bécquer desde la perspectiva de la psicología arquetipal» unió mis dos polos de interés, la filosofía y la psicología, junto a la literatura. Este trabajo me abrió nuevamente la puerta a un pensamiento nuevo, el de Hillman, que a través de Jung nos lleva a tiempos remotos en los que la forma de mirar el mundo era otra. Sí, creo en el destino, creo en el *daimon* y aquí tenemos este texto que lo demuestra.

Un ancestral linaje que se pierde en el tiempo

El ser humano contemporáneo, el que habita en este siglo XXI, se encuentra instalado en el paradigma de la ciencia y la tecnología. Los grandes avances de la ciencia y la tecnología de los dos últimos siglos nos han llevado a un cambio en la visión del mundo y así mismo de la visión que tenemos del ser humano en el mismo. Sabemos que esto no ha sido siempre así y que, a lo largo de la historia de la humanidad, la visión, pensamiento y la consciencia que el hombre ha tenido sobre el universo, su entorno natural y su propia naturaleza ha estado marcada por la cosmogonía que ha poseído. El pensamiento y nivel de consciencia del ser humano en cada momento ha generado una visión distinta de quiénes somos y qué papel jugamos en la existencia y en la vida. En estos momentos nuestra visión es la trashumanista, es decir, aquella que trasciende el factor humano para sumergirse en un mundo tecnologizado, matematizado, cuantificado, frío, aséptico, digitalizado. Esta era digital, en la que impera la inteligencia artificial, el metaverso, el universo distópico de la máquina organizando la existencia y la vida cotidiana de las personas, es la heredera del pensamiento aristotélico. Todo tiene un origen, una transición y un desarrollo. Este mundo, que es cambiante, transitorio, dinámico y evolutivamente inestable, también será distinto dentro de uno o dos siglos.

Donde nos encontraremos en ese momento no podemos alcanzar a saberlo con precisión, así como Descartes no podía llegar a predecir dónde estaríamos en el año 2025, pero aquí estamos, en un mundo nuevo y emergente presidido por la ciencia y la tecnología que ha llevado a los humanos, al máximo conocimiento de la materia y la energía, el cosmos, la biología y el entorno natural. El pensamiento humano ha desarrollado altas capacidades apoyado en la tecnología como herramienta de exploración, además de organizar un cuerpo científico que nos da una visión del cosmos de gran precisión.

El ser humano evolucionó su pensamiento y por ello mismo su consciencia, desde 10 000 años antes de Cristo, con una forma de entender el universo y a él mismo, naturalista, presidida por la magia y el encantamiento de un universo plagado de fenómenos naturales e inexplicables que entraban dentro del terreno de lo sobrenatural, lo misterioso. Un mundo mágico donde el ser humano y su entorno formaban parte de la misma existencia y las fuerzas y fenómenos solo podían ser movidos por las manos invisibles de fuerzas superiores asimiladas a dioses. No obstante, la ciencia, la historia y la antropología aún no han sabido explicar cómo en un contexto primario, presidido por un pensamiento mágico y religioso, eclosionaron culturas netamente diferenciadas como la egipcia o la sumeria.

Es paradójico y sorprendente observar cómo en el curso evolutivo de la especie humana y de la cultura de una época pretérita en África y Oriente Medio aparecieron culturas altamente evolucionadas tanto en su pensamiento y conocimiento del cosmos como del ser humano. En la época de los faraones egipcios, mientras los sacerdotes eran capaces de realizar precisas observaciones astronómicas y los médicos llevaban a cabo intervenciones quirúrgicas de alta precisión, en el resto del mundo conocido los seres humanos se ganaban la vida a través del pastoreo y los rudimentos de la agricultura. De una manera simultánea y a bastantes kilómetros de las áridas tierras egipcias y mesopotámicas, en el subcontinente asiático, una importante cultura también eclosionó con fuerza, conocimiento, cultura y ciencia: los arios.

Como así recoge su literatura ancestral, los Vedas construyeron una cosmogonía bastante inusual para los tiempos y culturas existentes en el resto del planeta. Egipto, Mesopotamia e India han demostrado hasta la fecha que han sido culturas de pensamiento elaborado, poseedoras de un pensamiento complejo, rico en conocimientos y con una forma y manera de relacionarse con el universo y su entorno natural bastante distinta y diferenciada de lo habitual y convencional de la época.

Durante mucho tiempo y aún en la actualidad hay líneas de investigación antropológicas y culturales que buscan la posible interconexión de dichas culturas. La cuestión es tratar de averiguar si estas culturas fueron islas o por el contrario existió una interconexión entre ellas y una cierta influencia recíproca. No obstante, más allá de ello deberíamos averiguar cómo fue posible que en estas zonas geográficas tan delimitadas apareciera una visión del universo y una capacidad tecnológica extraordinaria y diferencial del resto de culturas.

Por otro lado, el pensamiento ortodoxo establece que en la época clásica del siglo v y vi antes de Cristo en el área del Mediterráneo surgiera el pensamiento griego, la cuna del pensamiento occidental, nuestros orígenes como seres humanos modernos y cuna de la civilización contemporánea.

El Mediterráneo ha sido el canal cultural más importante en la existencia del ser humano. Sus costas bañan el sur de Europa, el norte de África y el Oriente Medio. Sus aguas han llegado a las playas de Egipto, igual que a Grecia, Italia, las islas mediterráneas y tantas tierras fértiles culturalmente. Parece que la cultura y el conocimiento egipcio saltan a Grecia y de aquí al resto del Mediterráneo.

Los estudios clásicos establecen que el pensamiento en la primitiva Grecia era un pensamiento mítico y mágico, presidido por dioses y fuerzas sobrenaturales que rigen la vida de los mortales como si de un teatro de marionetas se tratara. Este pensamiento mágico y mítico era el heredero natural del pensamiento mágico imperante en todo el mundo conocido.

En aquellas tierras mediterráneas se produjo la trasformación del *mytos* al *logos,* es decir, la metamorfosis del pensamiento mágico al mundo racional, el paso de la mitología plagada de héroes y dioses a un pensamiento científico, objetivo y mensurable.

El pensamiento humano no cambia de manera automática y espontánea, sino que los cambios son lentos y están sometidos a múltiples influencias culturales, mestizajes de ideas y formas de ver la existencia y, sin lugar a dudas, requiere de un cambio de consciencia. La forma de ver el mundo requiere de un cambio de nivel de conciencia que lleva consigo una trasformación del ser humano y del cosmos. Todo no fue tan sencillo, todo no fue tan automático; todo fue lento, pausado, orgánico. El pensamiento humano pasó de una concepción animista y mágica enraizada en el entorno natural y en las fuerzas y pulsiones sobrenaturales a un pensamiento lógico–racional que nos ha traído hasta la digitalización y la IA.

Es bastante probable que este relato sea el más tópico e imperante, pues es la hipótesis establecida por el pensamiento actual. A partir de la cultura clásica y helénica, el resto de la historia la conocemos perfectamente. Los filósofos antes del gran Sócrates, denominados por ello los presocráticos, forman una lista de nombres que se debaten entre la historia y la mitología. Pitágoras,

Tales, Heráclito o Parménides son más conocidos por su ambivalencia entre la filosofía, la mitología y la ciencia. No existen apenas textos sobre ellos y lo que conocemos es a través de otros, discípulos, seguidores o detractores. Luego llegó el gran Sócrates que, aunque no deja nada por escrito, es legitimado por su gran discípulo Platón, que se constituye en el núcleo central de nuestra historia.

Este libro, precisamente, trata de cómo la historia que nos han contado —y, por ello, la narrativa de la misma— no es tal y como la conocemos. El punto determinante es Platón y cómo este trasforma toda la cultura y la visión que tenemos del pensamiento humano pretérito. El camino cultural desde Platón hasta nuestros días es conocido y lo transitamos con comodidad por el mismo, sin grandes problemas. El salto cualitativo se produce en Platón. El pensamiento que hereda su discípulo más conocido que pasó a la posteridad, Aristóteles, ya es conocido, está minuciosamente estudiado y nos ha traído hasta el mundo científico, tecnológico y digital.

A partir de Aristóteles, el mundo se sistematiza, se ordena, se clasifica, se trocea y se estudia a través de la observación y la experimentación. Durante siglos de avances en el conocimiento y la exploración del cosmos y del ser humano, se profundiza y perfecciona el conocimiento aristotélico, refinando el pensamiento del ser humano occidental y contemporáneo. Dicho camino cultural está perfectamente trazado y va en dos direcciones. Igual que comentamos que desde Aristóteles hasta la actualidad el camino de la ciencia y la filosofía es claro y los distintos hitos se suceden en un incremento de conocimiento y comprensión del mundo, de la misma manera hay un camino desde Platón hacia atrás que es el foco de nuestro interés.

Esta corriente de pensamiento también ha llegado hasta nuestros días, pero como una corriente subterránea de conocimiento.

De manera similar, los estudiosos actuales de la teología nos cuentan que hay dos corrientes teológicas del cristianismo que confluyen en dos maneras de entender el fenómeno divino. La denominan, por un lado, «la Iglesia de Pedro», es decir, la corriente cristiana ortodoxa con un linaje perfectamente definido desde Cristo hasta Pedro, y desde este a todo el catolicismo apostólico romano, es decir, la Iglesia de Roma, la Iglesia convencional, la históricamente datada y documentada con sus múltiples movimientos ideológicos, dogmas y corpus creencial. Por otro lado, está «la Iglesia de Pablo», una Iglesia más subterránea, más gnóstica, con un pensamiento que se zambulle en el platonismo y el neoplatonismo y los textos gnósticos y herméticos de la época, y cuya trayectoria no ha estado tan a la luz, sino que ha fluido de una manera más oculta y larvada, pero no por ello menos influyente.

De la misma manera, el pensamiento podemos definirlo como aristotélico o preplatónico, entendiendo este último el que se basa en un conocimiento previo de pensadores que se anclan en los autores presocráticos, como Heráclito, Parménides, Empédocles y Pitágoras. Estos autores siguen teniendo influencia en nuestros días y su pensamiento se ha deslizado suavemente y de manera silenciosa a través de la historia.

Podemos rastrear su influencia en Platón, ese gran autor mal interpretado que trata de reinterpretar todo este pensamiento presocrático para que sea asimilado por sus conciudadanos griegos y sus contemporáneos. Este pensamiento nos llevará a Aristóteles o por el contrario a otras fuentes de conocimiento que son las que nos interesan, como son los pensadores neoplatónicos, especialmente Plotino.

El pensamiento neoplatónico se fusiona con los movimientos gnósticos y judíos de la época en un área geográfica como Egipto, y genera los movimientos herméticos. No podría existir un lugar mejor para gestarlos que Egipto, verdadera cuna del pensamiento y del conocimiento occidental.

El pensamiento de Parménides y Empédocles también pasa a Egipto, donde, a través de Zósimo de Panópolis, comienza a crear el corpus de la alquimia, que luego dará lugar a la mística sufí. De la misma manera y por influencia hermética, el conocimiento ancestral presocrático configura el pensamiento alquímico y, tras el redescubrimiento de Masilio Ficino en el Renacimiento italiano, revitaliza el pensamiento neoplatónico, que también escenifican y profundizan artistas como Miguel Ángel, Leonardo da Vinci o Pico de la Mirandola.

Si hay una persona que refleja de una manera sorprendentemente lúcida este pensamiento es Giordano Bruno, en una época convulsa que termina con él condenado como hereje en la hoguera en el año 1600. Esta corriente de pensamiento, que desde ahora denominaremos *pensamiento perennialista* o *tradicionalista,* vuelve a ocultarse a los ojos del pensamiento y la ciencia de la época para volver a aparecer en el movimiento cultural romántico con fuerza y de la mano de autores como Goethe, Blake y tantos otros.

El enorme peso de la toga científica siempre ha generado una importante presión en el movimiento perennialista, que ha tenido una mayor expresividad en las distintas formas de espiritualidad, muy especialmente como hemos mencionado anteriormente, en el sufismo islámico, que es heredero del movimiento presocrático y neoplatónico, y que configura la alquimia musulmana, rica fuente de la alquimia occidental. También se ve reflejado este movimiento perennialista en la cábala judía, con grandes exponentes neoplatónicos como el español Gabirol.

El cristianismo, aunque ha estado impregnado de rasgos neoplatónicos, es quizás en el silencio del desierto de la Tebaida egipcia donde nuevamente lo vemos eclosionar en su más clara expresión a través de los Padres del Desierto creadores del hesicasmo, como Evagrio Póntico, Macario el Viejo, Juan Clímaco y un linaje hasta nuestra época contemporánea. Si no fuera por la válvula de escape de la espiritualidad, el pensamiento perennialista se habría sofocado reprimiéndose y terminando por desaparecer.

Como vemos, el camino es complejo y tortuoso. Podemos visualizarlo como un gran río que aparece y desaparece en el discurrir de la historia y que al aflorar al exterior cambia su fisonomía, aunque sus valores y rasgos permanecen inalterables.

A finales del siglo XIX y principios del siglo XX, vuelve a aparecer esta corriente de pensamiento a través de tres importantes personajes. Uno de ellos es Frithjof Schuon, metafísico suizo que se inicia en el sufismo de la mano del maestro argelino Al–Alawi y que acuña el término *perennialismo* o *tradicionalismo* para nombrar esa corriente de conocimiento y sabiduría que recoge toda la herencia sufí, alquímica, neoplatónica, hermética y presocrática. El pensamiento de Schuon persiste hasta la actualidad a través de múltiples discípulos, como Titus Burckhardt o Nash (este último sigue vivo en la actualidad).

Por otro lado, el filósofo belga Henry Corbin, gran estudioso del sufismo persa y del místico Ib–Arabi, vuelve a reactualizar todo el conocimiento de la imaginación y el pensamiento del corazón.

Tanto Schuon como Corbin participaron del círculo más cercano del psiquiatra suizo Carl Gustav Jung, discípulo de Freud, que termina convirtiéndose en el discípulo herético del padre del psicoanálisis. Jung fue un gran estudioso de la alquimia y de los movimientos gnósticos, como puede verse a lo largo de toda su obra. Podríamos decir, sin temor a errar, que Jung fue el último gnóstico además de un gran tradicionalista o perennialista. Contempló al ser humano y la psique desde otra perspectiva distinta a la visión oficial y ortodoxa que inauguró su maestro y creador del psicoanálisis. Es aquí, en este punto de la historia, donde aparece nuestro protagonista, el pensador y psicólogo James Hillman. Calificado como autor posjungiano, inaugura toda una corriente de pensamiento denominada *psicología arquetipal,* aunque él prefería llamarla *psicología imaginal,* dada las fuentes de las que bebe y la importancia que se le da a la imagen en la génesis y funcionamiento de la psique y, por lo tanto, del alma. Podríamos decir que Hillman es el último discípulo de Jung, y además recupera la tradición perennialista para reactualizar una antropología y una ontología en la que el protagonismo y el acento se pone en el alma.

En este gran árbol genealógico que hemos trazado, Hillman es el heredero de una tradición perennialista que ha emergido en muchos momentos de la historia con gran fuerza y que se pierde en los confines de los tiempos. No es nada exagerado describir su pensamiento como heredero del pensamiento órfico, de Homero y toda la filosofía denominada presocrática, que a su vez se origina en el antiguo Egipto. De esta manera Hillman es hijo de Pitágoras, Parménides, Heráclito y toda la corriente platónica.

El pensamiento imaginal, y por ello mismo todo el pensamiento perennialista, vuelve a resurgir con fuerza creativa, amparado por los recientes hallazgos de la ciencia contemporánea. Los grandes avances científicos en campos pioneros como la física cuántica, la cosmología o el estudio de la mente y la consciencia, están poniendo en entredicho los presupuestos clásicos de la ciencia y corroborando algunas de las intuiciones que la espiritualidad de todos los tiempos y el pensamiento perennialista ha esbozado desde hace milenios.

Algunos filósofos de la ciencia, como el pensador polaco Henry Skolimowski, han dado un marco en el que desarrollar este pensamiento tradicionalista, la llamada *filosofía participativa,* que permite realizar un cambio de metáfora o modelo del mundo. Nuestro interés se centra en estudiar el pensamiento de James Hillman y su pensamiento imaginal, que pertenece a una larga tradición occidental y que se enmarca dentro del pensamiento tradicionalista y de la filosofía participativa. Pero vayamos al origen, cuando la filosofía arcaica se constituyó y tenía otro significado.

El verdadero sentido de la filosofía: rito de renacimiento

Hemos expuesto con anterioridad que el origen de nuestro pensamiento se encuentra en Egipto y que el sentido que tenía la filosofía era uno muy distinto al que parece tener en la actualidad. El filósofo contemporáneo Algis Uzaavinys nos habla a lo largo de su obra de que la filosofía en la antigüedad era una disciplina interior, más parecida a un camino espiritual, una especie de yoga fundamentado en la práctica meditativa, contemplativa e intuitiva.

De la misma manera, este autor demuestra, con profunda erudición, cómo las raíces egipcias configuran los cimientos de la filosofía occidental, especialmente la pitagórica, la platónica y la neoplatónica. Estas corrientes de pensamiento tienen sus mismos patrones ocultos y mismas estructuras. El principal interés de la filosofía era restaurar la identidad divina y, para ello, debemos situarnos en los misterios de la muerte, la trasformación y el renacimiento espiritual.

Según indican los estudiosos de la filosofía y la ciencia, es bastante probable que fuera Pitágoras el primero en utilizar la palabra *filósofo*. La empleaba asociada a la *vía de Apolo*. La *vía de Apolo* o *vía pitagórica* consistía en conseguir a través de la práctica, la *askesis* y la *therapeia,* asimilarse a Dios, es decir, divinizar el ser humano. Los autores posteriores a Pitágoras han descrito cómo, después de una larga formación con los sacerdotes egipcios y mesopotámicos, regresa a su tierra, importando una forma de divinizarse basada en estos principios y en la creación de las primeras comunidades monásticas.

Los aspirantes a recibir los conocimientos del maestro tenían que pasar una profunda entrevista y una serie de pruebas iniciáticas para verificar su idoneidad como merecedores del conocimiento. Durante cinco largos años y tras un profundo silencio, eran sometidos a múltiples pruebas, tras las que podían llegar a contemplar el rostro oculto, tras un velo, del filósofo, del líder, del llamado *hegemon.* Aunque la filosofía pitagórica bebe de estos principios, también está relacionada de manera inevitable con los misterios eleusinos y órficos, y por ello la vida pitagórica llevaba a los iniciados a la búsqueda de la verdad y la identificación con Dios.

Esta primera filosofía se basa en el sentido de *asombro* que, como decía Platón, es «la marca del filósofo». Esta capacidad de asombro ante la vida, la muerte y los misterios es el denominado *thaumazein,* que procede de los tiempos primitivos egipcios, un tiempo ancestral denominado *tep zepi.* Todo nos lleva hacia el país de las pirámides. La educación egipcia, que fue denominada más tarde por influjo griego *paideia,* la impartían sacerdotes-filósofos. Antes de la invención por Pitágoras de este término, utilizaron otro que también significaba 'amor al conocimiento': el término egipcio *merirej* (*meri* = 'amor' y *rej* = 'conocimiento'). En múltiples papiros, como el *Chester Beatty IV,* se habla del mítico Imhotep en estos términos.

Para los egipcios el más sagrado de los templos es el propio mundo y, por extensión, el propio ser humano. Por ello, en el origen de la filosofía, y siguiendo su verdadero significado, sus métodos basados en el silencio, la moderación de las pasiones, el autocontrol y el autoconocimiento nos hace recuperar nuestra identidad esencial. El llamado *hombre silencioso,* en egipcio *ger maa,* a través del autoconocimiento ontológico y moral nos lleva al conocimiento espiritual, pues es capaz de descubrir la verdad oculta tras el velo de la realidad, la denominada *aletheia.*

Toda filosofía debe enseñar a morir. Esto lo plasmó con acierto Platón, para el cual debemos conseguir liberar el alma de las pasiones a través de la práctica de las virtudes y del conocimiento siguiendo unos ejercicios concretos. Más tarde Plotino dijo que la filosofía supone recuperar el antiguo estado del alma. El erudito francés Pierre Hadot dice al respecto: «La filosofía es un arte de amar, ver, entender y vivir. Es un método de purificación y de ascensión espiritual que requiere de una trasformación radical de uno mismo». Ningún filósofo contemporáneo ha sido tan explícito como Hadot explicando la dimensión trasformadora y espiritual de la verdadera filosofía. De este modo Hadot recupera la verdadera esencia de la filosofía antigua. Es curioso cómo este concepto llega hasta el cristianismo primitivo. Los padres fundadores, como Clemente de Alejandría, afirman que Pitágoras fue discípulo del sumo sacerdote egipcio Sonquis, del asirio Zaratus y de brahmanes hindús. De la misma forma, Clemente afirma que Platón fue discípulo durante muchos años del sacerdote–filósofo egipcio Secnupis en Heliópolis. Clemente de Alejandría, maestro de Orígenes, estuvo influido por Platón, por el estoicismo, así como por el esoterismo judío y el gnosticismo, y fue una pieza fundamental en la trasmisión de la filosofía clásica a los basamentos del cristianismo. De igual manera este platonismo y neoplatonismo influyó de manera fundamental en san Agustín y por ende en el cristianismo posterior Pero esto es una historia que será narrada en otro lugar.

Porfirio, el discípulo que nos legó a la posteridad a Plotino y que fue el pensador neoplatónico más influyente del siglo III, afirmaba con fundamento que el pensamiento grecolatino estuvo influido por el pensamiento persa e indio y que Zoroastro fue el precursor de la doctrina helénica. Porfirio, en su tratado *Sobre la abstinencia,* describe a los gimnosofistas hindús que hacen de la vida contemplativa, la oración y la recitación su forma de vida. Los divide en brahmanes y *sramanas,* renunciantes que viven en la montaña o en los márgenes del río Ganges. El filósofo los denominó *«mores ac disciplina indorum».*

La filosofía egipcia es llevada a Grecia por Pitágoras y Platón, que se forman en la tierra de las pirámides. Platón trata de asimilar, suavizar y reinterpretar el esoterismo, la filosofía y la teología egipcia adaptándola a el pensamiento griego. Pitágoras y Platón trajeron de Egipto los arquetipos divinos, la teoría de las ideas, las matemáticas en su dimensión mística y la idea de alma alada e inmortal que está en busca de su verdadera identidad.

Peter Kingsley habla al respecto en estos términos: «Platón mató a su padre, Parménides», en clara alusión al esfuerzo intelectual de Platón por asimilar y adaptar el pensamiento egipcio a sus contemporáneos. Kingsley afirma que las persecuciones a las que se vio sometida la escuela pitagórica y su fundador, y la propia muerte de Sócrates, se deben a que la sociedad griega consideraba el pensamiento de estos filósofos muy lejano a sus estructuras mentales y conceptuales. El fundador del perennialismo contemporáneo, el suizo Frihjof Schuon, afirma: «Platón tuvo que crear un lenguaje profano y racional para adaptar el pensamiento egipcio a Grecia».

El pensamiento egipcio, cuando llega a Grecia, termina convirtiéndose en platonismo y neoplatonismo, de la misma manera que en su evolución en el propio Egipto se trasformó en hermetismo y, cuando fue adoptado por el cristianismo, se convirtió en gnosticismo. Esta es la evolución del pensamiento antiguo y donde hay que buscar las huellas del origen de todo.

Si el pensamiento egipcio fue adoptado por el cristianismo primitivo y se convirtió en gnosticismo, una parte de este, por influencia neoplatónica y gracias a los esfuerzos denodados de Dionisio Areopagita, termina adaptando como un guante todo el pensamiento anterior pagano a un lenguaje místico sacramental neoplatónico y por lo tanto completamente cristiano. Este esfuerzo de Dionisio fue el mismo que realizó Platón para hacer lo mismo: adaptar y traducir una forma de ver el mundo a otra época y latitudes.

Volviendo a esta visión espiritual e inicial de la Filosofía, decía Plotino: «Nuestro interés no está en librarnos del pecado, sino en ser dioses». Por eso, Pitágoras no vino a enseñar, sino a curar, a sanar el alma transformándola. Debemos ser imagen de Dios *(imago dei)* y para ello debemos asumir una función, lo que los egipcios llamaron *neteru* y los griegos, dioses. Para Pitágoras esta *imago dei* se obtiene siguiendo estos cuatro pasos:

1. Purificación: son rituales asociados a la práctica de la virtud, el entrenamiento de la razón y el seguimiento de una vida ascética.
2. Iniciación: es lo que se denomina *paradosis,* es decir, la trasmisión de una tradición o conocimiento esotérico del padre espiritual al hijo. Estar anclado en un linaje.
3. Transformación: es la apertura del «ojo espiritual», una especie de alquimia del alma. Una trasformación de la conciencia.
4. Visión mística: es la llamada *epopteia,* la contemplación de las formas platónicas, la unión con la deidad.

Para Pitágoras y toda su escuela, el héroe de referencia y al cual hay que imitar es Heracles, figura que coincide con el personaje babilónico Nergal. Heracles es el filósofo ejemplar, paradigma de la ascesis y la lucha contra las pasiones. Uno de los más importantes pitagóricos, Apolonio de Tiana, aconsejaba imitarlo. Aunque, como vemos, su origen es mesopotámico, podemos observar que en la India al dios Lakulisa, se le representa con una enorme maza, como Heracles, el cual es representado con una piel de león, en clara alusión a la piel de leopardo que porta el dios Siva y que llevaban los sacerdotes funerarios egipcios.

Heracles fue el héroe pitagórico por excelencia y, junto con Sócrates, el primer maestro y fundador de la escuela cínica. Heracles, pese a ser de origen mesopotámico, también se asocia a Montu, dios egipcio de la guerra, el cual, solía ser representado como un toro. El Nergal babilónico, el Montu egipcio y el Heracles griego también se relacionan con Dionisos, por ello imitar a Heracles es lo mismo que imitar a Dionisos o a Siva. Similitudes entre dioses y culturas.

La cultura griega bebió totalmente de la cultura egipcia. Como refleja el geógrafo Estrabón, los griegos aprendieron matemáticas y astronomía egipcia y mesopotámica; es más, refiere con exactitud que Platón aprendió en Egipto durante trece años, en el 390 antes de Cristo.

Según la visión teológica egipcia, solo el *ba*, un concepto parecido al de alma, cuando se ha trasformado durante su viaje por la *duat* después de la muerte del cuerpo físico y se ha convertido en un luminoso espíritu denominado *aj* (es decir, imagen de dios), puede llegar a dios. El *ba* se representa como un ave con cabeza humana que se activa y despierta cuando cobra consciencia de que el cuerpo físico es un cadáver. La *duat* es el reino de Osiris y en otras épocas será denominado *mundus imaginalis*.

Otro de los visitantes ilustres que se forman en Egipto es Tales de Mileto, de origen fenicio. Tales aprendió de los egipcios que la realidad y la naturaleza son una teofanía, una máscara divina.

Frithjof Shuom afirma que, cuando Tales dice que el agua es el origen de todas las cosas, se refería a la sustancia universal que los hindúes denominan *prakriti* y que los egipcios llamaron Nun, el océano de aguas primordiales. Se cree que Tales fue quien readaptó a Grecia el concepto de amor al conocimiento que procedía de Egipto, donde el señor del conocimiento fue Thot, y las *casas de la vida* eran las escuelas donde se impartían todo tipo de conocimientos.

Jámblico, importante neoplatónico sirio seguidor de Pitágoras, de Platón y del pensamiento egipcio y caldeo, describe con precisión cómo Pitágoras visita a un Tales de Mileto anciano. Este le aconseja a su joven discípulo acudir a los sacerdotes egipcios y formarse con ellos en matemáticas, ciencia, astronomía y pensamiento esotérico.

La matemática, como arte sagrado vinculado esotéricamente a la realidad, es una idea egipcia llevada por Pitágoras a Grecia, aunque en el pensamiento hindú también aparece. Los números se convierten en dioses, en *neterus,* y junto a las figuras geométricas se transforman en conceptos metafísicos.

El neoplatónico Proclo fue quien inventa una técnica que consiste en la visualización de figuras geométricas como si fueran mándalas, para conseguir un estado meditativo, es decir, la combinación de la geometría y la imaginación. Proclo afirmaba que Platón guiaba a los iniciados en los misterios (*mystagogia*) a través de la imaginación y una serie de visiones inefables (*epopteia*). Este rito iniciático era denominado *tektai*. El propio Platón reconoce que su pensamiento y sus escritos debían ser entendidos como un preludio de los misterios más profundos relacionados con las tradiciones egipcias, caldeas y asirias. Ya en la antigüedad se había demostrado la relación existente entre la filosofía pitagórica de Platón y los ritos iniciáticos de diferentes culturas como así enseñaron los neopitagóricos, Numerio y Amonio Saccas, y que influyeron directamente en Plotino. En los famosos *Versos áureos* de Pitágoras se recoge la importancia de la raza áurea, que debe restablecer la percepción espiritual, llevar una vida perfecta y adquirir conocimiento a través de las ciencias para conseguir el vehículo neumático del alma. Esta filosofía pitagórica–platónica procede de un linaje de hombres sabios denominados *hombres daimónicos* que, por supuesto, pertenecen a una cadena hermética de trasmisión, denominada *hermaike seira*.

Para Plotino se debe producir un proceso contemplativo que conduce al alma a sucesivos grados de purificación y que sigue los modelos de los misterios y busca volver a los orígenes. Esta ascensión se denomina *anagore* y genera una visión mística que podríamos denominar *iluminación*. Esta elevación es simbolizada como refería Plotino, por la metáfora del trabajo de perfección sobre uno mismo que era como la de tallar una estatua, lo que él denominaba *tektainontoson agalma*.

Se cree que los rituales de iniciación del culto a Amón Ra están presentes en Pitágoras, Platón y Parménides. Según esto, los dioses son manifestaciones de un único dios inmanente y trascendente, vale recordar que Amón significa «el oculto» y, en cambio, Ra, es el manifiesto. Detrás de cada dios o *neteru* está el rostro e imagen de un solo dios, denominado *Pantheos,* el dios de la totalidad. Por ello, la mística egipcia se ocupa de las relaciones entre el uno y lo múltiple, la diversidad contenida en la unidad. Estos mitologemas egipcios pasan a los griegos en el orfismo y en la India están presentes como es comprobable mediante la lectura de los *Upanisad.* Este *Pantheos* es denominado en Grecia *Proteos* y contiene las formas de todas las cosas que hay en el mundo.

Para Heliodoro, Homero fue un hijo de Hermes y dice que la *Ilíada* se le entregó en Menfis. La relación entre Homero y Egipto es constante. Los egipcios estuvieron en estrecho contacto con los fenicios y, como comerciantes, trasmitieron todo este pensamiento por el mayor canal de comunicación de la antigüedad: el Mediterráneo.

Según el sacerdote egipcio y filósofo estoico del siglo I Queremón (El *Hierogrammateus* alejandrino), que terminó siendo tutor de Nerón como Séneca, los antiguos mitos hablan de un modo alegórico, por lo que debemos encontrar el significado oculto que poseen. Para egipcios, pitagóricos y neoplatónicos, el *uno* es símbolo de dios y tiene relación con Apolo y con el triángulo equilátero. Para los pitagóricos, la espiritualidad es seguir un camino con el fin de convertirse en dios, lo cual incluye la contemplación cósmica, entender los ritmos de universo expresados en sus mitologías, la proporción matemática, la música y la danza.

En Egipto las llamadas *casas de la vida* o *per anj,* eran un centro no solo de estudio de las ciencias y artes, sino también de iniciación e instrucción esotérica. Se construían según un modelo arquetípico del cosmos, un cubo teúrgico en donde en cada esquina se encuentran Isis, Horus, Thot y Neftis y, en el interior, el cuerpo de Osiris.

Por su parte, *Heka,* que los griegos tradujeron como magia, era la misteriosa fuerza creadora divina con la que se manifiesta el universo y de la que los humanos son *imago dei,* pues el hombre de conocimiento es semejante a Dios. Las escuelas y comunidades pitagóricas que beben directamente de los sacerdotes egipcios y de sus casas de vida, llegan también hasta Israel a las denominadas *escuelas terapéuticas,* afincadas en el desierto. Pensadores como Filón de Alejandría nos relatan con exactitud las prácticas que desarrollaban, que eran herederas de Egipto y Pitágoras.

El filósofo contemporáneo Pierre Hadot nos relata la actividad que desarrollaban los terapeúticos:

- Examinar o *zetesis*.
- Investigar a fondo o *skepsis*.
- Escuchar o *akroasis*.
- Atención plena o *prosoche* (es una vigilancia continua que nunca duerme y siempre recuerda a Dios), está relacionada con la *nepsis* de los hesicastas y los padres del desierto.
- Leer o *anagnosis*.
- Meditar o *meletai*.
- Someter a las pasiones o *therapeia*.
- Rememorar lo bueno o *tonkalon mnenai*.
- Autodominio o *enkrateia*.
- Cumplir con los deberes.

Para los egipcios, los individuos que están vivos son capaces de ver y sentir el *aj* de Thot, su espíritu luminoso y, de esta manera, se convierten en gnósticos.

En otro orden de cosas y siguiendo buscando el origen y similitudes, los jeroglíficos egipcios, su composición, color o simbología son medios, símbolos e imágenes que sirven para la contemplación, y por lo tanto, es un lenguaje sagrado, similar a las imágenes denominadas *synthemata* de los neoplatónicos.

En la actualidad, el único lenguaje que ha conservado esta dimensión mística es el árabe. El jeroglífico es algo polisémico, es un símbolo que requiere concentración mental, serenidad interior y conocimiento metafísico. Cuando todo esto se da, es posible que se abra el ojo del corazón.

Como hemos visto con anterioridad, todo el conocimiento neoplatónico y pitagórico pasa al mundo árabe a través de un pensador creativo y sintetizador que no solo sirve de correa de trasmisión al mundo espiritual sufí, sino que es el creador de la alquimia árabe. Hasta la fecha a él pertenecen los libros más antiguos de alquimia. Nos referimos a Zósimo de Panópolis, que asimila en su persona a todos los personajes, desde el Thot mítico, el Adonis asirio, el Osiris egipcio, el Hermes griego o el Adán bíblico.

Para los egipcios, el *Uno* se denomina *Nun* concebido como un océano primordial y sobre él flota *Atum* que, tomando consciencia de sí mismo, inicia la creación. La representación más utilizada en el hermetismo de la unidad es el *uroboros,* la serpiente que se muerde la cola y ofrece continuidad y dinamismo. Esta idea la recoge Plotino, que también habla del *Nun* como «el uno», de Atum que se manifiesta como Ra, como «el intelecto» y de Osiris como «el alma». Como han puesto de manifiesto muchos autores, la metafísica egipcia es muy similar a la neoplatónica y a la metafísica hindú que aparece en los *Upanisad.*

Atum contiene todos los *neterus* y es la totalidad de las formas de Dios. Podríamos asimilarlo al *ser.*

Las distintas dimensiones del *ser* se denominan en Egipto *jeperu* y albergan dimensiones como las siguientes:

- *Kat,* el cuerpo como cadáver sin vida.
- *Ka,* el poder vital y anímico.
- *Ba,* el alma.
- *Aj* el espíritu luminoso.

Dentro de las dimensiones del *ser,* también hay que incluir el "nombre", *Rem,* o el *Ib,* el corazón espiritual que se pesaba en el Juicio de Osiris. Nombre y corazón son dos importantes elementos espirituales.

La esencia de esta metafísica, es que toda la existencia es divina y que para contemplar lo sagrado hay que percibir símbolos, arquetipos y esencias en las realidades sensibles. La presencia divina se manifiesta como una visión mística interior y como una comprensión o *gnosis,* es decir, «ver a Dios en todas partes».

Frithjoj Schuon decía: «Cuando nos retiramos hacia lo interior, Dios se nos manifiesta en lo exterior».

El autor contemporáneo Jeremy Naydler recoge esta postura que directamente la propone Henry Corbin y afirma: «El mundo interior y exterior no están tan estrictamente separados, por ello la experiencia de lo físico es mucho más rica, pues esta iluminada por cualidades espirituales».

La imagen siempre es inferior y está supeditada al arquetipo. En el arquetipo, luz, vida y sonido, constituyen la unidad que se revela por el nombre, el *rem* de los egipcios. El nombre de una cosa constituye su realidad, por ello la creación se realiza pronunciando el nombre desde el corazón. La plegaria de la oración del corazón, en la que los padres del desierto pronuncian interiormente una palabra sagrada, tiene este fundamento, así como el *dhikr* de los sufís, que pronuncian los nombres divinos desde el corazón. Toda la esencia de un dios se contiene en su nombre.

En el reino arquetípico, según Platón, todo lo visible está animado y forma parte del Uno, del llamado por Platón «ser viviente esencial», es decir, el *Autozoón,* donde todo está en todas partes. Según esta metafísica heredada por los griegos de Egipto, el demiurgo trascendente sería Zeus, el demiurgo celestial sería Poseidón y el demiurgo subliminar, Plutón. De la misma manera Hermes es la inteligencia angelical del padre, es decir, el *angelike noesis.*

En Egipto, el faraón se asemeja al hombre perfecto. El faraón es el *imago dei* y se asemeja al *logos* cristiano y de la misma manera al hombre completo y perfecto sufí denominado *Al kamil.*

El concepto *teúrgia* define las actividades sacramentales, la iniciación a los misterios, la guía espiritual, la sabiduría divina, etc.

Jámblico explicó en su obra la teúrgia mediante una síntesis del pensamiento egipcio, caldeo y griego, y constituye una importante base intelectual para la filosofía *perennis*. Esto apuntaba Arthur Hilary Armstrong: «Cuando enciendo una vela en Chartres no me siento tan alejado de Jámblico». Esta teúrgia nos sigue acompañando hoy.

Según Platón, el cosmos está animado por un demiurgo, los neoplatónicos le denominan *agalamtopoios tou kosmou*. Tal y como incluye Platón en el *Fedón*, el verdadero filósofo se denomina *filósofo perfecto*, y este es el que supera la iniciación: «El verdadero filósofo hace del morir su verdadera profesión»; luego para Platón la filosofía es una preparación a la muerte, y por ello la tumba es la escuela de sabiduría.

Volvamos a los egipcios, en este incesante ir y venir de una tradición entrelazada en la que todo está interrelacionado. Los escritos religiosos más antiguos son *Los textos de las pirámides*. Los neoplatónicos siguen estos textos desde el punto de vista de que la ascensión iniciática al cielo concierne a las realidades interiores del corazón–intelecto, simbolizada por las imágenes sensibles.

Según esto, y como hemos venido comentando, la propia filosofía es un rito de iniciación y de renacimiento, pues propicia la unión del alma con el intelecto divino. Otro texto sagrado egipcio de gran importancia, como es *El libro de los muertos*, tiene grandes semejanzas con las teorías órficas, pitagóricas y platónicas, que han debido estar influenciadas por él de manera clara. *El libro del Amduat*, es un texto filosófico y gnóstico donde hay representaciones simbólicas de lo que hay en ese territorio del que hemos hablado anteriormente, denominado *Duat*. Sus dibujos y símbolos debemos interiorizarlos, contemplarlos y meditar sobre ellos. De esta manera haremos que el alma haga su recorrido en el territorio del *Duat*, el mundo intermedio.

Para griegos y egipcios, el ojo, la visión, es superior a cualquier sentido. Por ello, la imaginación cobra una gran importancia. Según el filósofo perennialista Titus Burckhardt, coetáneo y compañero intelectual y espiritual de F. Schuon, la alquimia, otra gran tradición en la que la imaginación es fundamental, deriva del arte sacerdotal egipcio. La imaginación posee una gran ventaja sobre el pensamiento abstracto. En otro texto clave como es *El libro de la noche,* se muestran técnicas respiratorias coordinadas con visualizaciones. Según este texto, la purificación mental consiste en meditar sobre las imágenes ocultas y, visualizándolas, asemejar cada miembro del cuerpo del iniciado a un *neter.* La teoría egipcia se basa fundamentalmente en el poder trasformador de la imaginación guiada por patrones teológicos, que son arquetípicos. Las imágenes se convierten así en puentes hacia la divinidad. Este trabajo, que representa una *alquimia interior,* lleva a construir el denominado *luminoso cuerpo dorado.* Esta filosofía es recogida por Platón y neoplatónicos como Proclo, que proclaman que la imaginación refleja como espejos imágenes procedentes de niveles ontológicos superiores. Estas imágenes, si son contempladas e interiorizadas, hacen que el alma se vuelva hacia el nivel más elevado.

Los que practican esta alquimia interna llaman filosofía a este arte que, en esencia, consiste en un proceso de muerte y resurrección. Para los egipcios, como hemos visto, la tumba se convierte en un templo, pues de allí sale su *ba.* Es aquí donde entra en juego el corazón, el órgano espiritual por excelencia, el *ib,* que es el elemento central en la trasformación, en la alquimia interior, pues contiene la vida y la inteligencia individual.

Por eso, es representado por una vasija o vaso alquímico y es el único órgano que se deja dentro del cadáver momificado. El corazón es el ojo del alma y, junto a la imaginación, marcan los elementos fundamentales de la línea argumental que pasará a través de siglos y linajes de escuelas, hasta llegar a James Hillman.

Volviendo al corazón como ojo del alma, dos de los discípulos contemporáneos más importantes de Frithjoj Schuon, Martin Lings y Seyyed Hossein Nasr, lo ponen de manifiesto con énfasis. Martin Lings dice que la apertura del ojo del corazón es una apertura interior que caracteriza al hombre santo y afirma: «El sol y la luna simbolizan el espíritu y el corazón. La luna mira en dirección al sol y trasmite algo de la irradiación solar en la noche, de la misma manera que el corazón trasmite la luz del espíritu a la noche del alma». Para este autor británico, el ojo derecho representa al sol, es decir Ra, y el ojo izquierdo representa a la luna, es decir a Horus. De la misma manera para Nasr, el corazón es el centro del microcosmos humano y la sede de sentimientos, voluntad e intelecto, como buen sufí que es.

Para egipcios y pitagóricos debe existir siempre un recuerdo de la fuente divina y de la verdadera identidad del alma, que recibe el nombre griego de *amnesis*. La separación del alma del cuerpo se denomina *katharsis*. Toda filosofía es un entrenamiento para ello.

Para autores como Martin Bernal, toda la antropología egipcia se refleja en la religión homérica, que para este autor es la fuente griega más importante. Bernal opina que la *Odisea* es una versión griega de *El libro de los muertos egipcio*. La *Ilíada* y la *Odisea* tratan del ascenso del alma. Odiseo se enfrenta a doce pruebas que coinciden con las fases espirituales de trasformación, que a su vez coinciden con las doce horas de travesía nocturna del sol por la *Duat* egipcia. Homero y su obra, que se tienen por el origen del canon occidental, es algo más que una simple novela mitológica, es un mapa espiritual de iniciación, que también viene reflejado en la mitología hindú de la mano del *Ramayana*, donde Rama y Sita desempeñan el mismo papel que Odiseo y Penélope.

La *Odisea* es la historia de un hombre que ha sido despojado de todo a lo largo de un proceso de redención a sí mismo, antes de reunirse con su poder creador, que es Penélope. La vuelta a casa de Odiseo es un tránsito iniciático con pruebas y trasformaciones. Para Titus Burckhardt, Penélope es el alma en su pureza original y guarda relación con la sustancia universal, por ello se la representa tejiendo su vestido durante el día y deshaciéndolo por la noche.

Como podemos ver, hasta Platón, la imagen es un elemento principal y, a partir de él, se devalúa y cae en el terreno de la fantasía.

Platón bebe directamente de *Los textos de las pirámides* para su concepto de alma, que se relaciona con el *ba* egipcio. Para él, el alma es como una vida que tiene la capacidad de mover el cosmos y los cuerpos individuales. Para Platón en las estrellas están las moradas arquetipales. Para los egipcios, al igual que para Platón, el objetivo de la filosofía es el regreso a casa, es decir, el regreso del alma a su morada original, que es la estrella desde la que ha descendido. Para regresar a casa debe activarse el ojo de Horus, que es el elemento divino interior que tiene el ser humano y que en Grecia se denominó también el *daimon*. Esta activación solo se consigue a través de rememoración, purificación, conocimiento y ejercicios espirituales. Este es el camino de la filosofía verdadera.

Para Platón, igual que el cuerpo es una imagen del alma invisible e inmortal, un *eidolon,* el alma es una imagen de lo inteligible, es decir, un *eidolon nou.* Para Plotino y sus discípulos, cuerpo, alma e intelecto son distintos grados de energía y recupera la importancia de la imagen al pensar que el alma es un reflejo del *nous.* Según Plotino se debe operativizar una trasformación del iniciado, lo cual lo hace semejante a un dios. Para ello hay que tratar de que la imagen regrese a su arquetipo, lo que se denomina *imaginación trascendente*.

A estos elementos fundamentales del corazón como órgano espiritual y de la imaginación como función trascendente hay que añadir una geografía, un espacio sagrado donde se operativiza la trasformación. Este espacio es una zona que no está ni en la tierra ni en el cielo, ni es sagrada ni terrenal, pero es un lugar fértil para la trasformación y la espiritualización de los cuerpos y la corporización de los espíritus.

Los egipcios, como hemos visto, a este espacio crepuscular lo denominaban *Duat*. Platón habla de «auténtica tierra», como la denominaba. Decía que era el lugar del *anima mundi*. Los sufís, posiblemente la tradición espiritual que mejor ha conservado este conocimiento, la denominaba *barzaj*. El sufí persa Suhrawardi la denomina «oriente intermedio» y un gran erudito como Henry Corbin la llama *mundus imaginalis*.

Un gran chamán llamado Parménides

Hablar de Parménides no deja de ser una breve línea en un libro de filosofía. Se le considera el padre de la metafísica moderna y uno de los presocráticos más ilustres, aunque solo sabemos de él por referencias de otros autores y por los fragmentos de un poema que se ha convertido en objeto de estudio y veneración por parte de la comunidad filosófica, desde que Martin Heidegger lo aupara al ilustre pabellón de los filósofos metafísicos.

Pero, como hemos estado contemplando en las páginas anteriores, esta es la historia oficial ratificada por años de ortodoxia. El poema de Parménides, o más bien lo que queda de él, y que se denomina *Sobre el ordenamiento de la naturaleza,* es un texto aparentemente sobre el *ser* y la *existencia,* pero los recientes estudios filosóficos y hallazgos arqueológicos del pensador británico contemporáneo Peter Kingsley nos arrojan otra visión muy distinta.

Parménides fue discípulo del pitagórico Aminia y, cuando era muy anciano, un joven Sócrates se acercó a él en busca de sabiduría. De esta manera se produjo la trasmisión entre el mundo presocráticoy la época clásica.

Como hemos visto con anterioridad, Parménides y su discípulo Empédocles se convierten en el núcleo fundamental que dio origen a la saga clásica de Sócrates, Platón y Aristóteles, con el resto de la filosofía occidental a sus espaldas. Más tarde este conocimiento salta a través de Zósimo de Panópolis al mundo árabe, iniciándose la alquimia árabe y los principios del sufismo. En cualquier caso, y como veremos por los estudios de Kigsley, el camino de Parménides es una vía iniciática que se conecta con los misterios eleusinos y órficos.

Nuestro personaje nació en Velia, en el sur de Italia, aunque procede de las costas turcas, de Focea, «la tierra de las focas». Siendo este un pueblo marítimo y navegante, emigró por todo el Mediterráneo, llegando hasta el sur de Francia y España. Igual que en la literatura occidental se asocia a Parménides como el padre de la lógica y la metafísica, en la literatura persa y árabe se le asocia a un antiguo linaje de sanadores que utilizaban encantamientos mágicos, cantos y estados alterados de consciencia para acceder a otra realidad. Esta influencia de los foceos se conoce que viene de chamanes que procedían de Siberia, India y Tíbet.

De la misma manera se sabe que muchos hombres en busca del conocimiento de estos pueblos viajaban allá para conseguir una sabiduría superior. La saga de la que procedía Parménides era los *iatromantis,* los llamados también «poseídos por Apolo», cuyo conocimiento era obtenido después de permanecer encerrado en las cuevas rocosas en absoluto estado meditativo y de silencio, una técnica ya empleada por Pitágoras denominada *incubación.* Por ello a Apolo se le denomina «el dios de la guarida», en clara alusión a las cuevas como lugar de iniciación. En la oscuridad y silencio en la cueva, y a través de la quietud absoluta, la *hesychia,* se llega a la realidad profunda de la existencia.

Por esta razón Parménides se asocia al dios Apolo, que a su vez está relacionado con la diosa que recibe al iniciado, Perséfone.

Parménides es un profeta o chamán que debe llevar el mensaje del inframundo, al mundo de los vivos. En su poema, él se presenta como «el hombre que sabe», es decir, como iniciado. Uno de los mensajes más importantes que trae Parménides es que todo sobre lo que pensamos existe, es decir, todo lo que está en nuestra mente es real. Todo sucede en la consciencia, que es inmutable, no se mueve. Precisamente es aquí donde por primera vez en la historia del pensamiento y de la espiritualidad occidental alguien habla sobre la consciencia y cómo esta forma la urdimbre de la propia existencia.

Al igual que hemos visto que existía una forma de vida pitagórica, también existía una forma de vida parmenídea, que se basa de manera muy especial en la *metis,* es decir, una intensa consciencia que se centra en todo y es una forma de estar alerta, al igual que hemos visto como *prosoche* o *nepsis.* Toda la enseñanza de Parménides se basa en la *hesequia,* es decir, la inmovilidad y quietud total, y la *metis,* el estado de alerta de la consciencia.

Parménides y Sócrates comparten llegar a la verdad a toda costa, eliminando lo falso, el llamado *elenchos.* Los caminos que utilizan son distintos, pues Sócrates emplea la guía de los sueños y el *daimon* y Parménides lo hace a través de la *hesequia* y la *metis.* No obstante, era típico de Sócrates, y así lo describían sus alumnos, que pasara gran parte de su tiempo en una inmovilidad absoluta, incluso en situaciones complejas como estar de pie o en el fragor de la batalla. Parménides y Sócrates partían del mismo principio: «Yo no sé nada». Cuando uno reconoce e interioriza esta realidad, se produce un estado de indefensión y de rendición que Sócrates denominaba *aporia.* Era en este estado donde se producía la trasformación. A Sócrates le gustaba definirse como mago, como un hechicero experto en encantamientos. Su enseñanza la basaba en el amor y la seducción, vinculándose él mismo al dios Apolo.

Parménides en su poema sentencia: «Nunca fue y nunca será, porque es ahora, todo a la vez, uno y continuo»; es decir, *todo lo que existe es ahora*. Este estado solo puedo conseguirse a través de la *metis,* cuyo símbolo es el círculo. Parménides utiliza unas palabras como mantra que deben interiorizarse una y otra vez hasta que forme parte de la médula del ser. Estas palabras, cuyo significado es 'su nombre lo será todo', son: *Toi pant o nom estai.*

Uno de los más bellos fragmentos del poema de Parménides es el dedicado a la luna: «Brillo nocturno, luz extranjera que vaga sobre la tierra». La luna es como la diosa Afrodita, la diosa del amor, pero también del engaño y la ilusión. Con su engañosa apariencia atrae a los hombres, convirtiéndose en una absoluta depredadora y en la legisladora del mundo y la vida. No obstante, hay una estrecha relación entre vida y muerte, pues esta polaridad constituye la dialéctica de la vida, y por ello hay relación entre Perséfone y Afrodita, de tal manera que en la antigüedad se configuraban como una sola diosa. La mayor parte de las personas viven en la fascinación y el engaño de la existencia (Afrodita) y solo algunas a través de *metis* acceden a la verdad de la existencia, superando las apariencias (Perséfone).

Los foceos, como Parménides, poseían grandes conocimientos procedentes de sus innumerables viajes y exploraciones. Cuando Parménides era joven, otro foceo llamado Eutimides partió de Marsella, cruzó el estrecho de Gibraltar, salió al océano Atlántico y bajó la costa africana hasta llegar al Senegal. Está recogido en los textos antiguos que otro foceo llamado Piteas llegó hasta el círculo polar. Todos estos viajes y conocimientos los recoge Platón y muchos de estos conocimientos son plasmados en el *Fedón,* incluido el mito de la Atlántida. Se sabe de la admiración de Platón por Sócrates, pero en menor medida se conoce la pasión del filósofo por Parménides; de hecho, Platón quería a toda costa convertirse en el sucesor de Parménides.

No obstante, como hemos visto anteriormente, el intento de adaptación de los textos egipcios y parmenídeos por parte de Platón contaminó y trasformó el significado real de estos. Otro de los griegos que contribuyó a la incorrecta interpretación de los textos de Parménides fue el filósofo estoico Posidonio de Apamea, quien, a la hora de traducir su texto, pervirtió su significado. Este fenómeno se conoce con el nombre de «acomodación». El proceso de acomodación lo sufrió también el discípulo más destacado de Parménides, otro siciliano, Empédocles, mago, hechicero, poeta, profeta y gran pensador. Las teorías de Empédocles pasarán a Egipto, con lo cual el conocimiento que se origina en Egipto, vuelve a Egipto, y así cerramos el círculo. Cuando las teorías de Parménides y Empédocles regresan a Egipto, pasan a los círculos herméticos y es aquí donde configuran el pensamiento gnóstico. Por un lado, este conocimiento se utiliza en la creación de la alquimia, que se concentra especialmente en Persia, donde se desarrollaron los primeros círculos sufís que, generación tras generación, han llegado hasta la actualidad.

Como vemos, hemos realizado un viaje desde la tierra de las pirámides, donde se generó un conocimiento esotérico de la existencia y del cosmos, que fue exportado hasta Grecia y constituyó los basamentos del pensamiento occidental, para volver nuevamente hasta Egipto y engendrarse allí los primeros movimientos esotéricos y espirituales como el hermetismo, el gnosticismo, la alquimia y el sufismo.

Sophia perennis, la recuperación de los orígenes

Hemos comentado con anterioridad cómo se ha trasmitido al mundo oriental este conocimiento y pensamiento, que se origina en las arenas de Egipto y que se difunde por el Mediterráneo de la mano griega, para convertirse en movimientos espirituales tan destacados como los gnósticos y los sufís.

De igual manera, desde la alquimia árabe y los movimientos herméticos surge toda una corriente de pensamiento, que constituye la alquimia tal y como la conocemos hoy en día, podríamos afirmar con seguridad que es la rica heredera de ese conocimiento en el mundo occidental. La alquimia bebe de ese pensamiento pitagórico y platónico, neoplatónico y hermético, que basa su profunda significación esotérica en la manifestación del espíritu. No es motivo de análisis en este texto una corriente de pensamiento de tal envergadura como la alquimia, pero debemos significar su importancia y su trascendental legado.

Como afirma Frances Yates, este pensamiento ha constituido las importantes corrientes esotéricas modernas como la masonería y el movimiento rosacruz, e incluso la teosofía, con personajes tan significativos de este movimiento hermético moderno como

Rudolf Steiner. Frances Yates ha seguido la estela de estas corrientes y desde el punto de vista académico ha sido la autora que ha realizado la contribución más importante a este respecto. De igual manera, la autora británica estudia la aparición de este conocimiento ancestral en el periodo del Renacimiento, especialmente italiano. El pensamiento hermético es rescatado en Florencia de la mano de un médico y filósofo neoplatónico, Masilio Ficino, que recupera y traduce muchos textos de Platón y antiguos textos neoplatónicos de la antigua Alejandría, justo en un momento de la historia en que Alejandría se convierte en el epicentro del esoterismo, al confluir en esta zona geográfica y en ese tiempo histórico el pensamiento neoplatónico y pitagórico con las teorías gnósticas y judías, y mezclarse con las antiguas creencias egipcias.

Estos libros, que son veinticuatro textos sagrados escritos en griego y que han formado parte de la antigüedad de una manera independiente, son recopilados por el filósofo bizantino Miguel Psellos al inicio del siglo XI. Se conocen como *Corpus hermeticum* y según la tradición mítica, estos textos esotéricos fueron escritos por un sabio egipcio denominado Hermes Trimegistro, o el tres veces grande, también asimilado a Thot, si bien hay quien piensa que representa a Imhoptep, o incluso como cree Marsilo Ficino, a Moisés.

En la actualidad, su origen y su datación histórica está en continua revisión. En el año 1463 el adinerado Cosme de Medici adquiere un manuscrito bizantino que contiene los primeros catorce libros herméticos y se los da a traducir a Marsilio Ficino, que había constituido la Academia Platónica de Florencia en el año 1459. Ficino estudió con el filósofo bizantino Jorge Gemistro, que trajo a occidente la lengua griega y múltiples traducciones del griego al latín de los textos platónicos. Gemistro fue un ferviente platónico que se autodenominaba y que pasará a la historia como Pletón. Es él, el que acude a Florencia por la llamada de Cosme de Medici y sienta las bases de la Academia Platónica que hará resurgir el movimiento neoplatónico en el Renacimiento italiano y el auge de la magia y el esoterismo hermético. Frances Yates asegura que este movimiento marca el espíritu renacentista e influye en autores y artistas tan importantes para el mundo occidental como Pico de la Mirandola, Miguel Ángel, Leonardo da Vinci, Dante y tantos otros.

La autora británica centra sus estudios en una figura clave que se convierte en el centro neurálgico de este movimiento esotérico y espiritual del neoplatonismo renacentista y de la tradición hermética, que es el pensador Giordano Bruno. Bruno muere en la hoguera a manos de la Inquisición en el año 1600. Como matemático, cosmólogo y filósofo adoptó unas posiciones valientes que le convirtieron en el hereje más famoso que murió por mantener sus ideas y coherencia de pensamiento. De la misma manera que Marsilio Ficino fue el introductor del neoplatonismo y el hermetismo en la Europa renacentista, Giordano Bruno fue el encargado de volver a recuperar la importancia de la memoria y la imaginación en el conocimiento humano. Este reverdecer del antiguo pensamiento egipcio, platónico, pitagórico en el Renacimiento italiano vuelve a ocultarse a ojos del pensamiento contemporáneo debido al gran auge del empirismo científico y la creación del método científico. Podríamos afirmar que la llamada *ciencia empírica,* la *ciencia oficial,* cobra protagonismo, y la que podríamos llamar *ciencia esotérica* se oculta y tan solo es visible a través de la alquimia de una manera más o menos larvada. La definición del método científico en el siglo XVII por Francis Bacon sentó las bases del empirismo que nos ha traído hasta la actualidad. El pensamiento neoplatónico y hermético ante la presión de la ciencia ortodoxa solo se desliza y eclosiona en movimientos artísticos, como la literatura romántica británica y alemana. Los exponentes más importantes del movimiento británico son William Blake, William Wordsworth y Samuel Taylor Coleridge. Por la parte alemana destacamos a Novalis y Johann Wolfgang Goethe.

A partir de la alquimia y la tradición romántica un joven Carl Gustav Jung, psiquiatra y discípulo de Sigmund Freud, comienza a elaborar sus propias teorías sobre la mente y la dinámica del alma. El propio Jung decía ser descendiente del mismísimo Goethe. Sus teorías y su exploración del alma humana cartografían el interior del ser humano con una fisonomía neoplatónica, recuperando toda la tradición ancestral que había quedado sepultada durante siglos de ciencia ortodoxa. En paralelo a la vertebración de la mente jungiana denominada *psicología profunda,* se produce una corriente de pensamiento que resurge de la propia tradición sufí en Occidente y que, al igual que hace Jung, recupera la alquimia árabe que fundamenta la espiritualidad sufí y la traduce a Occidente.

Este pensamiento se denomina *escuela tradicionalista* o *escuela perennialista.* Uno de sus representantes más importantes, Frijov Schuon, la denomina *sophia perennis.* Perennialistas y jungianos se dan la mano, cerrando el círculo en pleno siglo xx, lo cual hace resurgir nuevamente las teorías egipcias, pitagóricas, neoplatónicas, gnósticas, herméticas, alquímicas y todo el pensamiento original, que nunca ha desaparecido y que tan solo se ha convertido en una corriente subterránea que ha ido progresando y desarrollándose al margen de la ciencia ortodoxa oficial.

Aunque hay una variedad muy heterogénea de autores perennialistas, es cierto que entre ellos guardan ciertas características en común. La principal es su época de aparición, que es el siglo xix y siglo xx. Todos se interesan por la espiritualidad esotérica, compartiendo doctrinas metafísicas. Sienten un gran rechazo por el mundo moderno porque es un mundo alienante, falso y material. El espíritu impera, la materia es secundaria y tan solo es una herramienta del espíritu. En muchos casos los perennialistas tienen una profunda relación con la estética. Se debe producir un discernimiento entre lo real y lo ilusorio. Los perennialistas tienen un gran conocimiento de la doctrina metafísica y todos ellos siguen una vía espiritual esotérica enmarcada en alguna tradición revelada.

Según el perennialista contemporáneo Nasr, «el perennialismo es la comunicación de verdades y principios metafísicos a través de mensajes y profetas en los distintos campos de la sociedad. Contiene los principios que vinculan al ser humano con el cielo». En su importante libro *Knowledge and the sacred,* Nasr afirma con claridad: «Solo hay una tradición, la tradición primordial, que siempre es la verdad única, corazón y origen de todas las verdades. Todas las tradiciones son manifestaciones terrenales de arquetipos celestes». Su maestro y uno de los mayores metafísicos que han existido, F. Schuon, afirma que hay verdades innatas que están enterradas en las profundidades del corazón, solo accesibles a quien es contemplativo, es decir, gnóstico, pneumático, teósofo o filósofo, en el sentido de Pitágoras y Platón.

Existe una estética tradicionalista, de aquí que la forma sea la esencia de cada cosa. Por ello, se asimila con la energía, con el elemento activo y masculino. La forma es el principio determinado de un ser y guarda relación con el intelecto. De esta forma, muchos perennialistas le daban gran importancia al arte verdadero, como Ananda Coomaraswamy.

Para la *sophia perennis* la espiritualidad se basa en el intelecto. Esta facultad intelectiva es universal y, por lo tanto, supraindividual. El intelecto trascendente es el principio intelectual superior y pertenece a la manifestación supraformal. El intelecto es un conocimiento directo de la existencia y, por eso, es de una categoría superior al dogma, la fe y el raciocinio. El intelecto hace posible el conocimiento metafísico y por ello es el verdadero conocimiento.

En esta línea F. Schuon expresa su *ley de analogía inversa entre el orden principal y la manifestación:* «Lo que es primero, mayor e interior en el orden superior u orden principal, será secundario, menor o exterior en la manifestación o fenómeno, y viceversa». En este principio se basa el símbolo del sello de Salomón o estrella de David.

Para los perennialistas, la belleza es una manifestación que exige la perfección y debe de reflejar el infinito. La infinitud es el aspecto femenino de la divinidad y lo absoluto es su aspecto masculino. Este concepto de infinito en Schuon se identifica con la emanación de Plotino. La belleza es un recuerdo de realidades superiores. Es regularidad y algo más que simetría y proporción, es resplandor y esplendor.

A la capacidad para captar la presencia divina en los fenómenos de la existencia, se la denomina *mirada esotérica.* Schuon la llamaba *trasparencia metafísica.*

Los perennialistas afirman que existe una importante analogía entre el hinduismo y la Grecia clásica, pues ambas culturas son arias y ambos lenguajes (sánscrito y griego) están emparentados. Además, ambas religiones son mitológicas y la religión popular se manifiesta en epopeyas como el *Mahabaratha* y la *Odisea.* Además, los sistemas de sabiduría son muy parecidos (los *Vedas* frente a Pitágoras y Platón).

Los perennialistas tuvieron una gran influencia en la escuela trascendentalista americana, muy especialmente en Emerson, Thoreau y Whitman.

Aunque no es motivo de este libro, pasaremos revista de manera muy somera por el movimiento perennialista y sus representantes más importantes. Aunque el primero que se atribuye el término *sophia perennis* fue el escritor Aldoux Huxley, esta palabra es muy anterior, se remonta al italiano Agostino Steuco, que influyó de manera directa en Ficino y otros renacentistas.

Uno de los autores más importantes, que cabalga entre el siglo XIX y el XX, es René Guenon, un gran matemático, filósofo, metafísico y sobre todo buscador de la verdad. Guenon, que buceó en el catolicismo, la masonería y otras tradiciones espirituales, terminó siendo uno de los sufís occidentales más destacados. Encontró la tradición viva esotérica con una metafísica verdadera más importante. Lo inició en el camino sufí en el año 1912 el sueco John Gustav Agelii, gran seguidor del místico sueco Swedemborg y a su vez iniciado por el sufí El–Kebir, una gran autoridad del islán esotérico. René Guenon se afinca en El Cairo y desde allí se convierte en polo de atracción de todo el movimiento perennialista. Sus múltiples estudios y trabajos sobre la tradición primordial lo convierten en uno de los maestros contemporáneos más importantes y el primero en presentar las metafísicas orientales al mundo occidental, con un nivel de pureza y originalidad únicas.

Los mismos pasos que Guenon siguió el filósofo, metafísico y pensador suizo F. Schuon, que, iniciado en Argelia por el gran maestro sufí Al–Alawy, encuentra en el sufismo la tradición viva que le conecta con la tradición primordial y con las fuentes pitagóricas y neoplatónicas del conocimiento. Su primer libro escrito en alemán en 1935 es *Pensamientos directrices para la meditación primordial.* Salvo en este texto, Shuon siempre escribió en francés salvo su rica poesía escrita en alemán, que creía era el lenguaje más apropiado para la lírica. Sus discípulos más destacados, y todos ellos iniciados como él en el sufismo, son Titus Burckhardt, Martin Lings y Nasr. Este último dice de su maestro: «Parece ser el intelecto cósmico mismo, examina toda la existencia humana desde la luz del conocimiento sagrado. Tiene el poder intelectual de penetrar el corazón y la esencia de todas las cosas». Es probable que con Schuon haya desaparecido, de momento, el último gran maestro de la tradición primordial, de la *sophia perennis*. La visión simbólica de Schuon se inspira en la filosofía vedanta, pues para él todo el universo es un gran símbolo. Brahma es la realidad, el mundo es la apariencia y el alma no es distinta de Brahma.

Para los perennialistas, los arquetipos son las ideas platónicas y no tienen nada que ver con la psique, ni son inconscientes, por lo que se separan de la idea de Jung que piensa que los arquetipos si son la materia de la que está construida la psique y están habitando las profundidades del inconsciente humano. Esta es la principal crítica de Schuon a Jung. Para Schuon el arquetipo representa la esencia pura y la función del símbolo es quebrar la corteza del olvido. Para el *hombre antiguo* todo lo que le rodea, y hasta su propia vida, es simbólico. Un *hesycasta* y padre del desierto como Máximo el confesor decía: «La visión simbólica es la capacidad de aprehender en el interior de los objetos de la percepción sensorial la realidad invisible de lo inteligible, realidad que se haya situada más allá de ellos».

Volviendo a la relación de los perennialistas con el arte y la estética, para ellos el primero está relacionado con el misterio del velo que oculta la verdadera realidad. Para Guenón, la ilusión o *maya* es el arte divino que genera la manifestación. *Maya* es la acción divina que crea la manifestación. Para Schuon, la raíz del fenómeno artístico es el teomorfismo humano, es decir, el hombre está hecho a imagen de Dios y es obra de arte y artista a la vez. Para Schuon, el verdadero arte rechaza lo superficial y se basa en conocimiento metafísico, teológico y místico, teniendo especial cuidado de los materiales y sus cualidades intrínsecas. Hay un rechazo al arte naturalista y se pone énfasis en la estilización, en los rasgos esenciales y arquetípicos de los objetos. Para Schuon, el arte, si es verdadero, es espiritual, sagrado, y su función es vehiculizar esencias: «El arte tiene la función de trasmitir valores espirituales, verdades salvadoras, cualidades cósmicas y virtudes humanas. El arte tiene a la vez una función mágica y espiritual».

El pensamiento de Schuon se acerca al de Plotino, pues ambos piensan que una obra de arte es capaz de atraer cualidades cósmicas, como si fuera algo mágico. Plotino hablaba de la posibilidad de atraer el alma universal y afirmaba: «El arte sacro es la interferencia de lo increado en lo creado, de lo eterno en el tiempo, de lo infinito en el espacio, de lo aformal en la forma, es la introducción misteriosa de una presencia que todo supera». Para Schuon la imagen debe de ser santa por su contenido, simbólica por los detalles y hierática por su tratamiento. El arte sagrado tiene una función alquímica, pues el artista busca y perfecciona su obra, y debido a ello va puliendo y reconstruyendo su propia alma. La muestra más importante de arte sagrado la tenemos en la creación de iconos ortodoxos, como así lo puso de manifiesto el místico ruso Pavel Florenski en su magnífico libro *El iconostasio.*

Schuon, además de escritor y poeta, fue pintor. Sus claras influencias de Gauguin, Hodler y Van Gogh se dejaron sentir en su obra. No obstante, no fue de los autores que más debatieron sobre el arte y la estética; este campo de estudio estuvo más reservado para Coomaraswamy y Burckhardt. Este último pensaba que el arte deriva de la metafísica de la tradición en la que bebía el artista cuyo origen es angélico, pues refleja realidades supraformales, teniéndose que producir una trasmisión del método y la técnica del maestro al discípulo como si fuera un proceso sagrado.

Muchos de estos autores influyeron de manera determinante en el historiador de las religiones Mircea Eliade, quien, pese a no practicar una tradición viva como los perennialistas, llevó al terreno académico muchos de sus estudios y volcó esta sabiduría a un grupo de pensadores que una vez al año se reunían en Ascona, Suiza, para debatir sobre la relación entre Oriente y Occidente. En 1933 se reúnen por primera vez un grupo de pensadores multidisciplinares de campos tan diversos como la psicología, la mitología, la filosofía, la religión y cuantas áreas del conocimiento humano pudieran aportar una visión profunda de la existencia y la divinidad. Este grupo de pensadores, que a día de hoy sigue existiendo y que se ha ido renovando, ha sido el depositario de todo el conocimiento hermético y primordial hasta la actualidad. Si Egipto y Alejandría fueron polos de atracción del conocimiento esotérico en épocas pasadas, este grupo, es el rico heredero de este legado ancestral, tradicionalista y perennialista. El mencionado grupo se denomina "Círculo de Eranos" y su inspirador fue Carl Gustav Jung, el último gnóstico.

Carl Gustav Jung, el último gnóstico

Pese a que este no es un texto que verse sobre la obra de Jung, uno de los pensadores más influyentes de nuestra época, es inevitable no hablar de él y su legado, por la gran influencia que su visión aporta en la actualidad. Jung fue un hombre que vivió entre siglos, pues nació a finales del siglo xix y falleció en los años 60 del siglo pasado. Fue un hombre que sirvió de puente entre el pasado y una proyección futura del conocimiento ancestral. Jung fue algo más que un pensador, fue un filósofo a la vieja usanza del término. Fue un buscador que vive la tradición y no se queda en la superficie de lo intelectual. Jung fue un psicopompo (un guía interior) que buceó en los rincones más ocultos y oscuros de la psique humana, utilizando como laboratorio de experimentos su propio mundo interior y como herramientas de trabajo la imaginación, la alquimia y la tradición primordial. Su obra no fue comprendida de manera adecuada por sus coetáneos, y es ahora, medio siglo después de haberla dado a luz, cuando comienza a encajarse el puzle de su pensamiento y su visión de la realidad.

El nacimiento intelectual de Jung comienza bajo los faldones del gran padre de la psicología de todos los tiempos, Sigmund Freud. A principios del siglo XX, el psiquiatra vienés había comenzado su obra sobre el estudio de la mente humana. Hijo del positivismo, Freud, médico a la sazón y un gran apasionado de la neurología, había comenzado a realizar una interpretación de la mente humana desde una perspectiva orgánica y biológica. Freud quería ser profesor universitario en una ciudad, Viena, altamente conservadora y ortodoxa. Freud tenía que seguir los cánones de la época, que estaba marcada por la eclosión de la ciencia, que había sido desarrollada al albor de las dos revoluciones, la francesa y la industrial. El pensamiento filosófico imperante era el de Descartes y la ciencia física estaba presidida por Newton. En el mundo naturalista, era Darwin y su teoría evolucionista sobre las especies la que imperaba como ciencia coherente, robusta e incuestionable. En un pensamiento científico, objetivo y mensurable, era difícil estudiar algo tan intangible y etéreo como la mente humana. Pero este fue el cometido que se fijó Freud. El pensamiento judío del padre del psicoanálisis diseccionó la mente humana y la organizó en torno a una visión materialista, como si el cerebro y su función, la mente, fueran un órgano más de la economía humana. El afán clasificador de todo científico, en Freud llegó a metas notables y complejas, como fue analizar el material onírico, atribuyendo significados concretos al rico mundo simbólico de los sueños. Para Freud, el elemento fundamental de la psique humana y sus pulsiones es la energía sexual, la libido, además de ciertas pulsiones fundamentales como el instinto de muerte, la agresión y violencia.

Los instintos reprimidos y su aparición en la consciencia humana se trasforman en síntomas y se produce la enfermedad neurótica. Su concepción de la psique como un campo de batalla de pulsiones e instintos presidido por la función sexual enseguida cobra importancia en el mundo de la psiquiatría. En una sociedad en plena trasformación, la mente es el único bastión que queda para la ciencia y la racionalización de los procesos. Había que reducir las conductas a un mecanicismo ciego parecido a la mecánica física de Newton y a la selección natural de Darwin. Freud fue pionero en meter la mente dentro de la ciencia y asimilarla a un órgano más, un órgano complejo que, cuando enferma, requiere de tratamiento.

De esta suerte Freud se convierte en un médico de la mente, un médico cuyo arsenal terapéutico es el psicoanálisis y que es capaz de analizar el complejo mundo interno de una persona a través de sus sueños, la historia de su infancia, sus influencias paternas y sus instintos reprimidos. En este ecosistema científico nace el joven psiquiatra suizo Carl Gustav Jung, que quiere estudiar con el padre del psicoanálisis y se termina convirtiendo en su alumno más aventajado. Jung pasó muchos años al lado del maestro, convivio con él, le ayudó a construir el sólido edificio del psicoanálisis, incluso le ayudó a promocionar el psicoanálisis no solo en Europa, sino en una gira americana que los llevó por varias prestigiosas universidades. Pero algo ocurrió entre el maestro y el discípulo que estaba predestinado a seguir el legado freudiano. La discrepancia de visión, la enorme personalidad de Jung y sobre todo las amplias miradas culturales del suizo hicieron que la brecha entre ambos se agigantara, hasta la ruptura total que se produjo en las últimas décadas de vida de Freud. Para Jung no todo eran pulsiones, instintos y sexualidad; su visión era más trascendente, su visión estaba animada por una dimensión habitada por el alma. Él se sintió heredero de los poetas románticos, y sus incursiones en los estudios alquímicos y de otras tradiciones espirituales le hicieron volver a conectar con la tradición perennialista y neoplatónica. Jung no solo fue el artífice de volver a resucitar el concepto de arquetipo, sino que dibujó el inconsciente personal y el inconsciente colectivo como un repositorio y memoria de nuestra humanidad en la mente. Él se aplicó así mismo una hoja de ruta de introspección y de trabajo a través de un método que, denominado *visualización activa,* explora los oscuros rincones de su vida psíquica. Esto le convierte en explorador o psiconauta y, en definitiva, en místico, pues la utilización que realizó de la imaginación activa es el mismo que pudo utilizar Patanjali en su yoga, o incluso el hesicasta Evagrio Póntico para explorar su mente, su alma y trabajar sus *logismoi,* sus demonios internos.

Pero los estudios de Jung no solo se centran en la alquimia, donde hace importantes trabajos sobre Paracelso y los procesos de trasformación interna, sino en los textos gnósticos, que están preñados de sabiduría tradicional, pitagórica y neoplatónica. Jung estudia los cultos mitraicos y al dios Abraxas, un dios gnóstico, utilizando las traducciones que Albrecht Dieterich realiza del *papiro mágico griego* y de toda la literatura mágica del Egipto helénico. Abraxas es un demiurgo, un dios creador con cabeza de gallo y pies de serpiente del cual hablan y tratan antiguos gnósticos como Valentino y, muy especialmente, Basílides, uno de los gnósticos más destacados que enseña en Antioquía, Roma y Alejandría.

A Jung le interesan mucho los mandalas, como herramientas para la meditación (como ya vimos, los pitagóricos, platónicos y neoplatónicos los utilizaban para la meditación). Este interés le viene a Jung de observar cómo una secta gnóstica, los ofitas, ya los usaban para la meditación. Toda la exploración personal de su rico mundo interior Jung la depositó en un bello libro ilustrado por él mismo que aún sigue siendo motivo de debate, estudio y asombro: *El libro rojo.* Este libro, que recibe su nombre del color de sus tapas, fue gestado en el periodo de máxima tensión prebélica de la primera guerra mundial, en 1913. Su mensaje es claro: el hombre contemporáneo vive en una grave crisis porque ha perdido la consciencia mítica y carece de un mito sobre el mal.

Para Jung la magia es el camino hacia la religión y se convierte en la conciencia que termina por abrazar los opuestos y permite integrar la contradicción. El darse cuenta de los opuestos en la mente, sin identificarse con ninguno, es lo que se denomina *individuación,* un proceso de crecimiento espiritual y desarrollo personal que es al que debe aspirar cualquier ser humano. Este proceso nos hace alcanzar el *sí mismo,* es decir, nos integra, nos hace trascender la individualidad y, en definitiva, nos aproxima a Dios; aunque para Jung no es el Dios judeocristiano, sino un dios que está por encima del propio dios y del diablo, es decir, el dios gnóstico, Abraxas. Como guiño literario, debemos decir que la amistad y relación entre Jung y el premio nobel de literatura Herman Hesse se pone de manifiesto en la novela *Demian,* donde el dios Abraxas cobra un protagonismo especial.

Para Jung se debe producir una *metanoia,* es decir, una trasformación de la mente y de la visión de sí mismo y del mundo. En *El libro rojo* se produce un descenso de Jung a su inconsciente, pero es un descenso iniciático a las entrañas de la oscuridad para encontrar las fuentes de la luz interior. Según Jung tenemos que bajar al inconsciente, pues allí está el tesoro perdido. Para ello propone reformular el cristianismo, utilizando una visión pagana, dionisiaca, gnóstica y en definitiva esotérica. Mientras en la tradición judía e islámica el esoterismo se mantiene vivo a través de la *Kabbalah* y el sufismo, en el cristianismo se ha perdido la visión esotérica, que tan solo permanece yacente en la alquimia, y quizás en los primeros padres del desierto hesicasta como Evagrio y otros. Así, el alma ha de retirarse al desierto para poder escuchar el *sí mismo:* «Mi alma me conduce al desierto, al desierto de mi propio *sí mismo.* No pensaba que mi *sí mismo* era un desierto, un árido y caluroso desierto, polvoriento y sin bebida, he encontrado el lugar de mi alma», afirma Jung en el capítulo 4 de *El libro rojo*. En este mismo capítulo y más adelante afirma con rotundidad: «Mi camino no es vuestro camino, así que yo no os puedo enseñar. El camino está en nosotros, mas no en los dioses, ni en las doctrinas, ni en las leyes. En nosotros está el camino, la verdad y la vida». Jung se dirige directamente a las fuentes esotéricas de la tradición occidental bebiendo de las egipcias, helénicas, gnósticas y alquímicas. Por ello *El libro rojo* se convierte en el renacimiento de la imagen de Dios en el alma del ser humano.

Es bello descubrir cómo Jung en un sueño contempla un espíritu de sus profundidades que le insta con gran claridad: «Mira en tu profundidad. Reza a tu profundidad, despierta a los muertos». Jung, a través de sus sueños, ensoñaciones y visión activa contacta con un espíritu interno que le guía y le instruye. Él le llama «el mago». Es su *daimon* y no es otro que un personaje gnóstico llamado Filemón. Filemón le habla en sueños a Jung y le dice: «Ven más cerca, entra en la tumba de Dios. El lugar de tu trabajo debe estar en la bóveda misma. El Dios no ha de habitar en ti, sino tú has de habitar en él».

Jung no escribió *El libro rojo* para publicarlo, sino como un proceso de autoconocimiento. Él decía que era como una catedral gótica, donde texto, ornamento y dibujos trasmitían las imágenes de su vida interior. Para Jung fantasía e imagen son indistintas, pues la fantasía es sentimiento, intuición y sensación, y todo ello acontece en el ánima. Jung recupera la *duat* egipcia o el *barzaj* sufí, lo que Henry Corbin denominó *mundus imaginalis,* pues es allí donde se producen las imágenes. Jung hace un relato visionario en el que el alma se despierta, siente que vive en un mundo extraño y vuelve a su patria con la ayuda de un guía. Este mismo relato visionario lo han tenido muchos místicos, pero destacamos Avicena y Sohravardi, que son claros ejemplos para Corbin, que hablaba de «aventura espiritual».

Nos aconseja cómo prepararnos para trabajar la imaginación. Lo primero que nos insta es a hacerlo siempre de noche. Es un pensador nocturno, como también lo era William Blake. Su segundo consejo es eliminar la atención crítica. Las palabras e imágenes han de ser recogidas tal cual, sin censuras ni actitud crítica.

La influencia de Jung es clara y la podemos ver en la *Divina comedia* de Dante, el *Fausto* de Goethe y el *Zaratustra* de Nietzsche. La crítica que Jung realiza al cristianismo es que ha traicionado su raíz cultural griega y ha trasformado el mito, el misterio y el espíritu trágico en el racionalismo y la filosofía. Veremos que este es el punto de crítica y análisis de James Hillman. Para Homero algo se vuelve inmortal si los hechos importantes que acontecen se pueden narrar. Por ello para Jung es importante conocer el mito individual y el relato de la vida. La terapia es relato y esta será adecuada si el relato es sólido y rico.

Uno de los discípulos contemporáneos más importantes de Jung y coetáneo de James Hillman, Jeffrey Raff, afirma: «Jung es un maestro espiritual esotérico conectado con el gnosticismo». Este autor realiza un interesante estudio de la base alquímica y gnóstica de Jung y su trabajo. Describe que los atributos más importantes del espíritu son estos tres:

- Movimiento y actividad del espíritu espontánea.
- Capacidad de producir imágenes de modo espontáneo e independiente.
- Capacidad para manipular estas imágenes.

El yo no crea los sueños, solo los experimenta, y es en los sueños donde nos encontramos con el espíritu, una idea por otra parte muy clásica y primordial en la tradición. El arquetipo del espíritu se hace presente en los sueños a través de la imagen del anciano sabio, siendo el *sí mismo* todas las imágenes que surgen del inconsciente. El símbolo del *sí mismo* por excelencia es el mandala. Para Jung, Raff y Hillman, la actitud religiosa es mantener una relación con el *sí mismo*, y para ello uno tiene que concretarse con las imágenes del interior, con los sueños, con la imaginación activa. Cuanto más trabajamos para conectarnos al *sí mismo* más potente y fuerte se hace este. A través de la imaginación activa se refuerza la función trascendente, que es el mecanismo psicológico que une los opuestos y hace que se manifieste el *sí mismo*.

Para Raff, la imaginación activa es mucho más que una técnica o una herramienta, es una forma de vida, un estado del ser. Vivir en el estado de la imaginación activa no es vivir en un estado alterado de conciencia, sino trazar un camino que lleve nuestra atención directamente y sin atajos al *sí mismo*. Esto hace que nuestra visión del mundo y de nosotros se trasforme y se produzca una *metanoia*. El mundo se convierte en numinoso, misterioso, mágico. Vivificamos el mundo y, como dice Raff, hacemos que el mundo respire. Esta técnica se inspira en el *mundus imaginalis* que describió Corbin, pero su fundamento con gran lujo de detalles se encuentra en el místico sufí, Ibn Arabí. Desde épocas ancestrales, siempre se ha pensado que las imágenes son autónomas, que se generan en ese mundo intermedio, y nosotros lo que debemos hacer es acceder a ellas, entablar un dialogo y una relación con ellas.

Jeffrey Raff, en su magnífico libro *Jung y la imaginación alquímica,* establece cuáles son las fases de la imaginación activa:

1. *Preparar la mente.* A ser posible por la noche, apartar el ruido mental, serenar la mente, meditar, generar un esta-

do profundo de distensión y procurar estar centrado en el silencio.

2. *Evocación.* Debemos entrar en el inconsciente y llamarlo. Para ello, hemos de tener en mente una cuestión que deseamos plantear y quitar cualquier imagen que no tenga que ver con el asunto que tratar. La imagen que aparezca debemos mantenerla en la mente todo el rato que podamos. Debemos evitar imágenes de personas reales vivas o fallecidas.

3. *Activación inconsciente.* El inconsciente cobra vida y surge la imagen en forma de idea, pensamiento, imagen pura, con nitidez.

4. *Interacción.* La imagen interacciona con nosotros, entablamos un diálogo que a veces dura mucho, horas o días. Esta interacción es uno de los elementos más importantes.

5. *Reflexión.* Sopesamos el diálogo con nuestra imagen, valoramos nuestra relación, el mensaje trasmitido, lo que produce en nosotros.

6. *Resolución.* Acontece cuando nuestra cuestión o pregunta esta contestada.

7. *Integración.* La imagen, el producto de la misma, su mensaje y sensaciones es integrada en nuestro interior y hacemos que forme parte de nosotros.

Jung definió lo espiritual como la creación y manipulación de las imágenes, que, si proceden del interior del individuo, son imágenes arquetipales, y si proceden del exterior, se denominan psicoidales. Las imágenes y el trabajo con ellas es el fundamento de la alquimia. Como Raff asegura, el estudio de la imaginación está en ciernes y el redescubrimiento de la importancia de esta es la mayor contribución de Jung al pensamiento contemporáneo.

Para Jung, al igual que para el místico, la imaginación no es irreal; para el mago y el alquimista tampoco. Alquimistas de la talla de Boheme y Paracelso pensaban que la imaginación era el camino para descubrir los misterios de la naturaleza. La imaginación es el medio por el que el Alma experimenta a Dios. Aunque este texto no es motivo de estudio de la alquimia, no podemos dejar de hacer una mención a ella, por ser la gran heredera del pensamiento tradicional y de la religión mistérica basada en la tradición y la revelación directa. El alquimista debía hacerse merecedor de la revelación y para ello tenía que llevar una vida ejemplar, dedicándose al bien de los demás y trabajando para obtener la revelación, siendo parte de su tarea la oración, la meditación y la contemplación, todas tareas relacionadas con la imaginación activa. El *sí mismo* es físico y psíquico a la vez. Al igual que la imaginación, podríamos decir que es un cuerpo sutil.

Para místicos como Ibn Arabí, la imaginación es fundamental porque los espíritus se encarnan a través de ella. En el mundo alquímico, en especial para Paracelso, que fue profusamente estudiado por Jung, y para su discípulo Van Helmont, la imaginación es fundamental en los procesos de sanación y en la enfermedad. La imagen es lo primero que se altera con la enfermedad, los cuadros mórbidos se expresan a través de las imágenes. Por ello, la verdadera sanación requiere que comencemos por el trabajo con las imágenes. Estas teorías sobre la sanación, la enfermedad y el poder de las imágenes han plagado el pensamiento pitagórico y el mundo chamánico. En la actualidad son recogidas por el pensador y terapeuta Arnold Mindell, a través de su técnica chamánica del *cuerpo que sueña* o *cuerpo del chamán*.

Gerard Dorn, y muy especialmente el texto anónimo del siglo XVI *Libro de Lambspring,* recoge cómo el cuerpo cuando se fusiona con el mercurio (que representa el agua y lo imaginal), produce el azufre interior. El alquimista primero manifiesta su *sí mismo*, para luego unirlo al mundo. Cuando los opuestos se mantienen en tensión, se activa la función trascendente. Es aquí cuando el *sí mismo* establece una relación con una realidad mayor y una realidad más profunda, cuando se produce la llamada *coniunctio*.

Cuando el yo penetra en el *sí mismo* activa el azufre interior. El elemento más importante es la sal, pues esta se relaciona con el *sí mismo*. La sal es el centro y fuente de toda vida y está relacionada con el *anima mundi* platónico que veremos posteriormente, que es de gran importancia en la obra de James Hillman. En este trabajo alquímico interior el yo se convierte en protector y guardaespaldas del *sí mismo*. Para eso el yo tiene que aprender a confiar en su visión interior y debe fomentar una profunda relación con el *sí mismo*, adquiriendo sensibilidad para detectar cualquier ataque interno o exterior. El *sí mismo* apoya y ayuda al yo a través del amor y la compañía. Por eso, yo y *sí mismo* se necesitan y apoyan.

En la alquimia espiritual, el yo en unión con el *sí mismo* es capaz de crear, desarrollar y trasformar la vida. El *sí mismo* se activa completamente y se une a lo divino, y produce esta divinización humana, el llamado *hombre del paraíso*. La alquimia espiritual y el trabajo de Jung con la imaginación activa, la función trascendente y el *sí mismo* es una guía interna y un mapa del camino hacia lo divino para convertirnos en Dios. Dios se encarna en el alma humana a través de una figura interior con la que debemos contactar. Dice Jefry Raff: «En nuestra condición de occidentales no necesitamos buscar nuestras verdades en otras culturas, sino que podemos encontrarlas en nuestra propia herencia cultural».

El pensador Morris Berman, en su obra *El reencantamiento del mundo,* afirma que la alquimia es el último intento del hombre occidental por producir una ciencia basada en el «sentido erótico» de la realidad. Este sentido erótico es la denominada *conciencia participativa*, donde sujeto y objeto forman una unidad indivisible y participamos activamente, creando nuestra existencia y nuestro mundo. Esta *conciencia participativa* ha dado en la actualidad a luz a toda una corriente de pensamiento denominada *filosofía participativa*, encabezada por el filósofo polaco Henryk Skolimowski.

Dado que Jung se ha convertido en el restaurador de la imaginación en el mundo contemporáneo y que su discípulo James Hillman ha hecho de la imagen su trabajo de vida, no estará de más esbozar una breve historia de lo imaginario.

Breve historia de lo imaginario

Como hemos visto a lo largo de estas páginas, la imaginación, la imagen y lo imaginario ha cobrado una gran importancia a lo largo de la historia de la humanidad. Ha sido una herramienta de conocimiento trascendente, espiritual y una manera distinta de acercarnos a la existencia y al conocimiento profundo del universo. La imaginación siempre ha tenido una connotación despectiva, se le ha considerado de un rango inferior a la razón, quizás por asociarse a la fantasía, la ficción, el sueño, lo irreal. A lo largo de la historia, como ponen de manifiesto algunos pensadores como Ioan Culiniau, la religión y, especialmente el protestantismo y su reforma, censuró y reprimió lo imaginario, un imaginario que fue rico y exuberante durante el Renacimiento.

Uno de los pensadores contemporáneos más importantes que ha estudiado la historia de lo imaginario es Gilbert Durand, quien observa dos líneas en la historia, la trazada por Aristóteles (que deriva en la escolástica medieval, en la que destaca Averroes y nos lleva hasta Galileo, Descartes y Hume) y otra línea que, originándose en los mitos y pensamiento griego, nos lleva a Platón, san Juan Damasceno, san Francisco de Asís y desemboca en el romanticismo y el surrealismo. Esta segunda línea de Durand es la que hemos trazado en este texto, el esoterismo hermético, la tradición, el perennialismo, la *Pistis sophia,* como le queramos llamar.

Para el poeta Octavio Paz se produce una desacralización de la existencia conforme progresa la ciencia. Cosificamos, mensuramos y objetivamos la realidad a fuerza de escindirnos y separarnos del mundo. En este momento, el arte se convierte en sustituto de la religión.; parece convertirse lo imaginario en un territorio solo destinado a los artistas, quedando la ciencia al margen de un territorio imaginario tan necesario como vía de conocimiento. Hoy en día sabemos la importancia que cobra la imaginación como vía de conocimiento en la ciencia. Son muchos los científicos que han soñado e imaginado sus teorías que luego han tenido que revestirse con el traje de la razón. Uno de los casos más paradigmáticos es Albert Einstein. Físicos más contemporáneos como Fritjof Capra aseguran que la física cuántica está muy relacionada con las filosofías antiguas, pues se está demostrando que la realidad trasciende la lógica clásica y necesitamos de un nuevo paradigma donde se incorpore lo imaginario.

Como decían Novalis y Coleridge, solo la imaginación puede abrir las puertas de la trascendencia. La imaginación y la hermenéutica aseguran que la imagen expresa mejor el sentido que lo conceptual. Como hemos visto con anterioridad, si Freud incorpora lo onírico al conocimiento de la mente, Jung añade la imaginación. Durante muchas décadas en el grupo de estudios interdisciplinares de Eranos fueron muchos los científicos, pensadores e intelectuales que pasaron por allá y reflexionaron sobre lo imaginario como piedra angular del conocimiento. Si queremos tener un conocimiento pormenorizado sobre el pensamiento del imaginario, solo tenemos que revisar la hemeroteca de Eranos, especialmente entre los años 1940 y 1990. Allí está todo lo que usted necesita conocer sobre lo imaginario en el ser humano.

El iniciador de los estudios humanísticos sobre la imaginación fue un matemático, poeta, escritor, filósofo y muchas más cosas, de origen francés, que ha sido el llamado «poeta de lo imaginario», Gastón Bachelard. Estableció que no debíamos hablar de imaginación, sino de imaginario. Él recupera el pensamiento de Empédocles y sustenta lo imaginario en los cuatro elementos fundamentales: tierra, agua, fuego y aire. Para él, la inmanencia de la imagen también tiene una trascendencia. Este es un camino de apertura al psiquismo y, por lo tanto, hacia el alma humana, convirtiéndose todo ello en un camino iniciático. Las imágenes en movimiento renuevan el corazón y el alma humana.

El discípulo más destacado de Bachelard y teórico más importante de lo imaginario es Gilbert Durand, que incorpora en el estudio de lo imaginario, además de la filosofía, la psicología, la antropología, la biología, la física y las matemáticas. Su tesis doctoral, del año 1960, ya marcó su camino y estilo: «Las estructuras antropológicas del imaginario. Introducción a la arquetipología general".

La tesis general de Durand es que lo imaginario representa el conjunto de imágenes mentales y visuales, organizadas entre ellas por la narración mítica (*sermo mythicus*). Según esto, una persona, una sociedad o la humanidad entera organiza y expresa simbólicamente sus valores existenciales y su interpretación del mundo. Durand regresa a la mitologización del universo, es decir, vuelve a la narración mítica de la vida del individuo tal y como Jung y Hillman lo expresan. Toda vida debe ser vivida bajo un mito. También expresa que la humanidad tiene una herencia mítica que como una memoria es trasferida de generación en generación. Esta teoría se sustenta en el inconsciente colectivo jungiano y en las teorías del mitólogo americano Joseph Campbell.

Campbell, que desarrolla una extraordinaria obra donde la dimensión mítica es la base del individuo y de la humanidad, y el mito se sustenta en lo imaginario. Campbell acuña el término *monomito,* en relación con el viaje del héroe, que hace referencia a un patrón básico hallado en muchos relatos procedentes de todas las tradiciones. En su clásica obra *El héroe de las mil caras,* relata su creencia en la unidad de la conciencia humana y su expresión poética a través de la mitología. Para este autor, la raza humana relata y recita una historia única de gran significación espiritual.

Bachelard, Durand y Campbell forman el *triunvirato imaginario,* leales y ricos herederos de Jung, que han proyectado lo imaginario hacia el pensamiento contemporáneo. Recogieron la tradición primordial y reactualizaron su significado resucitando con brillantez la imaginación trascendente. En 1966, Durand crea, en la Universidad de Grenoble, el Centre de Recherches sur l'Imaginaire, además de otros cuarenta y tres centros repartidos por todo el mundo que investigan lo imaginario y que se denominan Greco 56.

Para Durand, la lógica del mito no es aristotélica y su estudio se centra en conocer el imaginario de muchos autores para llegar a comprender cómo funciona la llamada *mitrocrítica,* y en estudiar lo imaginario que sobrepasa lo individual, es decir, el *mitoanálisis.* Según Durand, al igual que para otros autores, lo imaginario sustenta un mito y sus fonemas básicos son los símbolos.

Los símbolos siempre desembocan en teofanías y se configuran en la llamada *fórmula de la ley del trayecto antropológico.* Dice Durand: «Para que un símbolo pueda emerger, debe participar indisolublemente en las raíces innatas de la representación del *Homo sapiens* y en la intimidad del medio social y cósmico».

En la humanidad, los símbolos que crean una mitología y por lo tanto impactan en lo imaginario tienen una duración de entre ciento cincuenta y cerca de doscientos años. Ese periodo de tiempo Durand lo denomina *cuenca semántica.* Toma prestado este término de la embriología de una cuenca fluvial, de la génesis de los ríos. Lo imaginario, lo mítico, sigue una pauta de seis etapas que comienzan con el *chorreo,* que es cuando lo imaginario de una época se debilita y aparecen pequeñas corrientes. Más tarde, estas corrientes se van uniendo en corrientes más grandes que se oponen al imaginario establecido. A esto se le denomina *reparto de aguas.* Con el tiempo aparecen los *afluentes,* pues estas corrientes son acrecentadas por las circunstancias sociales y políticas. Posteriormente, pasamos al llamado *nombre del río,* que es el nombre real o ficticio del paisaje que representa la cuenca. El *acondicionamiento de orillas* es cuando otros pensadores consolidan con sus teorías el imaginario. Por último, *deltas* y *meandros,* que es cuando la corriente mitogenética que establece el mito llega a una saturación que permite introducir otras sensibilidades.

En el círculo Eranos destaca el filósofo de las religiones rumano afincado en América, Mircea Eliade, que pretende restaurar el símbolo como instrumento del conocimiento, pues símbolos y mitos revelan aspectos profundos de la realidad, es decir, lo secreto, lo numinoso. Si Eliade se convierte en el intelectual académico del mito y lo imaginario, el islamólogo belga Henri Cobin pasa a ser el restaurador de la espiritualidad y la trascendencia de lo imaginario.

Corbin desarrolló una particular teoría dentro de lo imaginario. Él mismo reconocía: «Yo soy buscador y amante de la sabiduría; es más, he nacido platónico». Como filósofo y metafísico fue el primer traductor al francés de Heidegger. Esta tarea fue la que le llevó a estudiar y yo diría que a vivir la mística iraní. Cuando traduce los textos místicos persas se topa con el concepto de *mundus imaginalis,* como ese mundo intermedio entre la percepción intelectual y la percepción sensorial. Es aquí en este mundo intermedio donde el cuerpo de trasforma en espiritual y el espíritu se trasforma en corporal. Aquí viven las imágenes, las figuras arquetipales, los cuerpos sutiles y la materia inmaterial. Corbin no habla como Bachelard de imaginario, sino que acuña el termino *imaginal.*

Para Corbin, el órgano de este mundo era la imaginación activa o creadora, que nos permite ponernos en contacto con lo absoluto, con la realidad divina. Dios se manifiesta a través de una imaginación teofánica. El mundo sería un reflejo de Dios en un espejo. Esta *fisiología sutil* establece que la energía espiritual creadora (teofánica) se concentra en el corazón y que la imaginación es su órgano.

A todo lo exterior y exotérico le corresponde algo oculto, espiritual y esotérico.

Por ello Corbin introduce el esoterismo en el mundo académico. Para él la iniciación es un renacimiento personal a otra dimensión que estaba velada. Esto permite poner al ser humano y a su alma en contacto con su ángel interior.

Después de este apasionante viaje al interior de un bello, rico y productivo pensamiento, la corriente del tradicionalismo o perennialismo llegamos hasta un autor de gran interés por muchos motivos. Es un pensador contemporáneo, falleció en 2018. Aúna el pensamiento psicológico occidental con una sólida formación en el Instituto de Zúrich de la mano personal de Jung, siendo heredero de la dirección del instituto. Por otro lado, y al igual que su maestro, estudió las grandes tradiciones espirituales, antropología, filosofía, alquimia, neoplatonismo y un largo etcétera. Ha sido uno de los últimos integrantes del Círculo de Eranos y ha vuelto a situar al ser humano en un mundo animado con alma. Él es y ha sido el gran defensor del *alma en el mundo.* Estamos hablando de James Hillman.

James Hillman, artista de la imaginación

En este capítulo no vamos a hablar de magia, ni de cuestiones fantasiosas, sino de cómo existe otro tipo de pensamiento, otra forma de percibir el mundo. Esa forma de pensar y sentir el mundo está alineada con la visión tradicionalista, perennialista, con la visión de los egipcios, los presocráticos, Platón y los neoplatónicos. Esta es la visión que aporta Hillman, uno de los discípulos más aventajados e importantes de Jung, que funda su propia escuela, la llamada psicología arquetipal, o como a él le gustaba denominar, *psicología imaginal*, pues trabaja con imágenes, que generan significado; como dice Hillman, generan alma, lo que él denomina *soul making*.

El trabajo más importante de Hillman, como veremos, es restaurar el concepto de *anima mundi*, pero no como un halo divino que rodea el mundo ni como un principio vital que está dentro de todas las cosas, sino como una chispa del alma, una imagen seminal. El concepto *hacer alma* es desliteralizar la consciencia y restablecer la conexión con el pensamiento mítico y metafórico.

Jung en su casa de Bollingen talló en piedra una leyenda que abría paso a su casa. Esta leyenda es de la que hace gala Hillman:

«Invocado o no, Dios está presente». En la nueva visión de Hillman sería: «Invocados o no, los dioses están presentes», pues Hillman, como buen pagano moderno, tiene un afán politeísta y multicultural.

El sentido de la divinidad nace del alma, sin alma el hombre no puede aproximarse a Dios. Efectivamente, los dioses habitan nuestro interior. Ya Platón, al igual que Jung, promulgaban el valor terapéutico de los grandes mitos para ordenar aspectos críticos y fragmentados de la mente.

Si tuviéramos que decir cuáles son las influencias de Hillman, además de Jung, podríamos hablar de Platón (pero el Platón más chamánico), Plotino, Bruno, Paracelso y Ficino, es decir, como podemos ver, todo el camino trazado por nosotros con anterioridad.

Para Hillman, la psique crea la realidad día a día, por ello hay que retornar al alma y volver al politeísmo natural. En nuestras múltiples patologías hay dioses. Para Jung los dioses son arquetipos y su origen reside más allá de la consciencia. Hillman, al igual que Corbin, piensa que los dioses son las imágenes mismas, es decir, la personificación de los arquetipos en la consciencia. Las imágenes son el resto mitopoético de la realidad. Incluso podríamos decir que somos lo que imaginamos. La imaginación nos abre al más allá y a nuestra verdadera naturaleza del Ser, es una dimensión ontológica.

Para Hillman, el alma no es algo que se tiene, sino que es una atmósfera, una dimensión, una perspectiva que todo lo envuelve y en la que uno *es*. Por todo esto Hillman coge del poeta John Keats el término *hacer alma*. Keats, en su carta de abril de 1819 a su hermano, dice: «Llama al mundo, si quieres, el valle de la creación del alma, entonces sabrás para qué sirve el mundo». Este es el objetivo claro de Hillman, hacer alma, es decir, encontrar conexiones entre la vida y el alma. En este contexto, el ángel es la llamada de la consciencia que rescata las imágenes del alma. Por ello, es el anunciador, el aliento imaginal que mueve a los dioses. Por eso, los neoplatónicos les llamaban «el hermeneuta del silencio divino».

El alma es un sustrato que está siempre permanente, independientemente de los sucesos que estén ocurriendo. El alma se identifica con el principio de la vida. Hillman utiliza de manera indistinta los términos *alma, psique* (del griego) y *anima* (del latín). El alma tiene una especial relación con la trasformación, con la muerte y con la imaginación.

Como hemos visto, la imaginación es una vía privilegiada de conocimiento, del conocimiento de la vida, del mundo y, por lo tanto, de uno mismo. Las imágenes son los datos primordiales de la psique; todo lo que sabemos, sentimos y decimos procede de imágenes psíquicas. Estas imágenes no son solo restos de memoria o datos ordenados por el cerebro, sino que son materia acabada por la psique. Podríamos decir que Hillman elabora una psicología de la imagen, que sería sinónimo de decir que es una *psicología del alma*.

Esta psicología no está basada en la fisiología del cerebro, sino en los procesos de la imaginación, es decir, en la base poética de la mente. La primera alusión en este sentido la ofrece el que podríamos considerar primer psicólogo de la historia, Heráclito, que es el primero en entender la psique como principio arquetípico fundamental. Para Heráclito, el alma es flujo y profundidad; de hecho, la dimensión del alma es la profundidad, de ahí que nuestro viaje deba ser hacia dentro: «No descubrirás los límites del alma, aunque recorrieras todos los caminos, tal es la profundidad de su significado».

Para Hillman, hacer terapia es, también, hacer alma. Los arquetipos no son cosas concretas, son las raíces del alma que condicionan nuestra visión del mundo y de nosotros mismos, son metáforas. El arquetipo es más comparable con un dios, pues ejerce un efecto posesivo emocional. El arquetipo tiene una dimensión personal y otra colectiva que reúne hechos personales dispersos y dimensiones que van más allá de lo individual y que nos conecta con el resto de los humanos. Al contemplar la diversidad real del alma, nuestra psicología es arquetípica y politeísta. No nos referimos a una teología politeísta, sino a una psicología politeísta, es decir, una psicología donde todo es posible y caben múltiples puntos de vista. En el mundo del alma, el ego es una cosa insignificante. Decimos que tenemos un alma, no decimos que somos un alma. Debemos personalizar, pues hacer alma es personificar, y para ello debemos devolver a la imaginación su legítimo valor noético, es decir, como los clásicos reconocían y Henry Corbin aseguraba «la imaginación como un verdadero órgano del conocimiento. La imaginación no solo reproduce, sino que crea».

Cuando el alma personifica, la mente reacciona tratando de controlar la pasión irrefrenable de aquella, y entonces aparece la alegoría. Por ello, en lo verdaderamente mitológico debe existir un lado patológico, muerte, violencia, pasión, intensidad. Esa fuerza es inherente a la imagen y significa que está en conexión con el alma. Si interpretamos la imagen, la despersonalizamos, le quitamos la poesía y desvitalizamos, hemos creado una imagen alegorizada; pero esta no es la imagen verdadera, es una pequeña triquiñuela de la mente para literalizar la imagen y, por lo tanto, la visión del mundo. Las imágenes más conectadas con el alma son las más duras, las más impactantes, las más perturbadoras. Durante el Concilio de Trento se despojó a las imágenes sagradas de sustancia y en el siglo XVII los protestantes a la cabeza de Cromwell desterraron las imágenes de una manera radical.

Jung, al igual que Plotino recoge en sus *Enéadas,* entiende que nuestros dioses internos, si no se personifican, terminan convirtiéndose en demonios, en enfermedades. Personificar nos ayuda a acceder a las cosas con el corazón, o como se dice habitualmente, en ir de la cabeza al corazón. Como sabemos la *imagen del corazón* es una forma de percepción que capta la verdadera esencia y alma de las cosas. Aquí la imagen es fundamental. Por encima de la percepción, podríamos hablar de *imaginar con el corazón*. Esta forma de sentir y ver el mundo la expresó con elocuencia el gran Miguel Ángel, un neoplatónico empedernido que hablaba de la percepción del corazón.

Miguel de Unamuno también nos habla de la relación entre las imágenes y el corazón, y cómo, para amarlo todo, todo debe sentirse en el interior. Por ello, para Unamuno, como para nuestro Hillman, si amamos y personalizamos hacemos crecer nuestra compasión. Amar es una forma de conocer y personificar es una forma de conocer, es decir, una *epistemología del corazón*. James Hillman destaca este aspecto de una manera importante y lo pone en relación con los estudios sobre sufismo de Henry Corbin, en especial sobre el místico murciano Ibn Arabí, que afirmaba que el corazón es el órgano que produce el verdadero conocimiento, la intuición comprensiva y la gnosis de Dios y los misterios divinos.

La visión arquetípica de la existencia no surge en Jung, sino que, como podemos ver, tiene anclado su origen en el pensamiento tradicionalista. A finales del siglo xix Wilhelm Dilthey entendía que lo mitopoético era esencial y que la psicología tenía más de poesía y literatura que de ciencia. En pleno siglo xvii Giambatista Vico percibió la conexión entre conocimiento personificado y mitopoético. Como hemos visto desde la personificación, nos acercamos al mito y, por ello, en la visión mítica de la existencia el mundo aparece personificado. La conciencia mítica tal y como Jung, Hillman y Campbell la entienden es un modo de ser en el mundo. Desde esta perspectiva, todo lo imaginado es real; nosotros no soñamos, sino que los sueños nos ocurren, y la memoria no solo registra y evoca, sino que crea imágenes, que por supuesto son reales. Como vemos el alma necesita un modo mítico de expresión, por ello la psicología necesita de la mitología.

Como hemos visto anteriormente, Jung descubre la personificación que ya conocían los griegos y los pensadores del Renacimiento. Ese trabajo fue continuado por Hillman. Jung, al igual que Hillman, no hablan del alma, sino de la imagen del alma, del *anima,* un *anima* que es la personificación del inconsciente y cuya imagen es *psique.* Dicha personificación nos permite relacionarnos con esta imagen. Ya hemos visto que establecer esta relación es importante para nuestro crecimiento y desarrollo, y para hacer alma. Dice Hillman: «Una persona puede hablar con su *anima* igual que un escritor con su musa, un filósofo con su *daimon,* un loco con su alucinación o un místico con su ángel».

En este pensamiento de Hillman, el hombre es un hacedor de imágenes. Somos un ser imaginal, una existencia en la imaginación. No somos un mundo interior o exterior, todo es imagen y vivimos en una imagen. Hacer imágenes es un camino fundamental para *hacer alma.* Estar en contacto con el alma es imaginar y vivir y experimentar estas imágenes, es estar en el alma. Estas imágenes se estructuran en arquetipos que dirigen sus imágenes hacia caminos mitológicos, que pueden ser motivos concretos, es decir, *mitologemas,* o hacia constelaciones de personas en acción, es decir, *mitemas.*

Para Hillman, la psicología es politeísta, pues entiende que hay múltiples psiques que interaccionan entre sí y se relacionan. Esta concepción de la imagen y la visión politeísta es lo que Hillman denomina el *retorno a Grecia.* Para Hillman este retorno a Grecia se produjo en Roma, en el Renacimiento y durante el Romanticismo. Propone que, en la actualidad, el mundo está más necesitado que nunca de ese retorno, un retorno que fue el regreso de Ulises a su hogar, nuestro hogar eterno, donde nuestra Penélope nos espera pacientemente tejiendo los hilos de la existencia. Por eso, Hillman refiere que la mitología griega es la más rica y adecuada para la renovación de nuestra psique, a ella hay que volver: «Hay una biblia en el dormitorio de cada viajero, pero debería haber una *Odisea*». No entendamos Grecia como un territorio geográfico o histórico, que también; esta Grecia es más bien un territorio psíquico, es una metáfora para el reino imaginal donde los arquetipos se han trasformado en dioses. Regresamos a Grecia para redescubrir los arquetipos de nuestra mente y nuestra cultura. Esto hicieron muchos románticos que nunca visitaron Grecia, pero sí visitaron la Grecia imaginal, como Petrarca, Goethe o Keats.

Nuestro ego es una parte de nuestra mente, por lo que debemos tratar de tomar consciencia de las distintas partes que constituyen nuestra psique, individualizar y personalizar estas partes concretas, y asignarles imágenes y metáforas para personificarlas. Este trabajo se produce de manera espontánea también en el sueño. Dentro de nosotros conviven múltiples personas, no roles como creemos. Yo soy marido, padre, amante, abuelo, médico, escritor, filósofo, y cada uno de ellos no es un papel, sino una persona con una imagen, una metáfora y una vida propia.

Durante los sueños, nos liberamos de la tiranía del ego. Estos no son importantes por su significado, sus mensajes o sus revelaciones, sino porque permiten emerger las imágenes personalizadas de los fragmentos de la psique y ella trata de unirlas por una serie de escenas que tejen historias. En el momento que personalizo en imágenes cada *personalidad específica* y soy capaz de establecer una relación especial con cada fragmento, convierto mi consciencia monoteísta en una consciencia politeísta, hago alma y armonizo mi ser.

Este trabajo con las imágenes es el que sistematiza Hillman, aunque ya hemos visto que sus predecesores son los alquimistas, Jung y tantos otros. Ya vimos cómo la técnica de la imaginación activa es un poderoso elemento de trabajo. Hillman se apoya en el trabajo de Jung, de Bachelard y Durand para conseguir cartografiar lo que él llama *arquetipología natural de lo imaginal,* y añade: «El trabajo con la imaginación está más cerca del arte que de las disciplinas contemplativas y la meditación. La imagen no debe ser guiada por el ego, pero si es guiada por un orden arquetípico profundo».

Esto es lo que hace que Hillman sea un mago moderno, aunque estoy seguro que a él le hubiera gustado autodenominarse *naturalista de la imagen.* Para ello debemos superar el ego y hacer que él no intervenga. La imagen se presenta desnuda, impactante, misteriosa, dolorosa, con gran viveza, y debemos tomarla tal cual en su pureza total, sin pasarla por el filtro del ego, que siempre trata de interpretar, literalizar el mundo, suavizar, interrelacionar, explicar.

El ánima es la personificación del inconsciente. Personaliza la existencia y es por medio de ella que nos iniciamos en el conocimiento imaginal, es decir, la experiencia a través de las imágenes. El ánima viene a la vida a través del amor, por ello psique y eros están unidos. La pérdida del alma genera una despersonalización, y esto hace que se pierda el sentido de la realidad del mundo, incluso de uno mismo. El ánima es el arquetipo de la propia psique. No es la proyección, es el proyector. El ánima crea personas, es decir, imágenes de manera personalizada.

El alma se agranda y crece con la belleza, la naturaleza, el pasado arcaico y lo fantástico. Por eso, la cuestión no es si yo creo en el alma, sino si el alma cree en mí, es decir, la fe del alma en mí. La fe psicológica hace alma. Esta fe comienza por el amor a las imágenes, con la confianza en lo imaginal. El ánima me personifica a mí y dota de sentido mi vida.

Imágenes y patología

Los síntomas mentales han tenido muchas interpretaciones a lo largo de la historia, dependiendo de la visión del cosmos del momento. Desde las hipótesis mágicas y el castigo divino hasta el mundo de los neurotransmisores, hay un amplio espectro de explicaciones para la depresión, las alucinaciones y especialmente el mundo del psicótico, el mundo del loco que tan sutilmente convive con la genialidad y el misticismo. La psicopatología, es decir, la explicación fundamentada de los síntomas psíquicos es sistematizada por el gran psiquiatra y filósofo existencialista Jaspers, en un tratado clásico del siglo xx. Desde entonces ha marcado los principios básicos de la psicología y la psiquiatría. Pero a mí no me interesa la psicopatología por ser médico, al igual que a Hillman; a nosotros nos interesa porque la psicopatología es esencial para la experiencia del alma, nuestro tema básico. La psicopatología, es decir, los síntomas de la mente, son síntomas y llamadas del alma.

Durante el siglo xviii y xix se clasificaron nominalmente todas las patologías conocidas con sus síntomas, es decir, predomino el nominalismo producto de la ilustración y del afán clasificatorio de Linneo. Como hemos visto, el existencialismo del siglo xx, con Jaspers a la cabeza, pone el énfasis en la experiencia subjetiva y empática para entrado el siglo xx enfrentarse a un nihilismo encabezado por Foucault y Ronald Laing, que pretenden destruir los mismos principios de la psiquiatría.

Laing, basándose en la teoría de Hegel de que la locura es inherente al alma, describe en su libro clásico *El yo dividido*, que la locura es un camino a la normalidad. Por el contrario, a mediados y finales del siglo xx, auspiciados por los movimientos contraculturales, aparece la visión de la psicología humanista, que idealiza al ser humano y esconde la psicopatología. Figuras importantes de la psicología como Maslow, Perls o Rogers creen que debe producirse una trascendencia del ser humano a través de la integración de todas las polaridades del individuo. Hillman propone otro camino muy diferente al nominalismo, el existencialismo, el nihilismo y la psicología humanista. Efectivamente, debemos centrarnos en los síntomas, el dolor, la violencia, los impulsos..., pues allí hay alma.

Nos recuerda Hillman que alma y espíritu no son lo mismo. Ya san Pablo, ese cristiano que tiene más de gnóstico que de cristiano, nos habla del pneuma, el espíritu, que tiene una naturaleza muy distinta al alma. El mundo del alma se asocia a lo femenino, la noche, la luna, la psique. Por el contrario, el espíritu se asocia a lo masculino, la luz, lo fálico, la creación. Dice Hillman en su magnífico texto *Reimaginar la psicología:* «El alma es paciente, lenta, profunda, vulnerable. El alma es agua para el fuego del espíritu. El alma es imaginación».

El modelo médico imperante se basa en que, cuando hay una patología se produce un síntoma, entonces el médico descubre la enfermedad a través de los síntomas, busca un tratamiento y, suprimiendo los síntomas, cura la enfermedad, es decir, el tratamiento literaliza la enfermedad. Para Hillman, el significado real de la psicoterapia es el cuidado del alma. Nos adentramos en el alma a través de las patologías: «Al devolverle los síntomas al alma, intento devolver el alma a los síntomas, restituyendo el valor central en la vida que tiene el alma misma». El alma manda, ella nos guía y nosotros tan solo nos dejamos llevar por las imágenes. Desde el punto de vista arquetípico, la enfermedad no es un conjunto de síntomas, sino que es el sanador. Hay un complejo arquetípico que subyace debajo de la enfermedad y hay que destaparlo. Según ello, todas las enfermedades, aunque sean orgánicas, tienen un significado psicológico, pues son metáforas del alma. Como la psique tiene un lenguaje metafórico y poético, la patologización es una forma de narrar, la forma que tiene la psique de hablarse a sí misma. Para Hillman los sueños y la enfermedad no son naturaleza, sino cultura, y por ello su comprensión requiere un enfoque cultural, no materialista ni fisicalista.

Veíamos anteriormente que la alquimia es de los últimos vestigios culturales de la dimensión imaginal; de hecho, fue la psicología profunda de otros tiempos. Para Jung y Bachelard la alquimia es un sistema descriptivo de la psique imaginal. El alquimista proyecta su profundidad en los materiales y, al trabajar con ellos, operativiza su trabajo con su alma. La herramienta de la alquimia es la imaginación, por ello en la alquimia la patologización es esencial para la creación del alma. Al igual que la alquimia, hay un importante antecedente de la visión arquetipal o imaginal que acontece durante el Renacimiento, el llamado *arte de la memoria*.

El arte de la memoria requiere de imaginación y patologización. La memoria no es un simple repositorio de imágenes, sino que es un teatro dinámico y creativo. Allí se clasifican y ordenan las imágenes por conceptos, mitologías y arquetipos. La pensadora Frances Yates, gran erudita del arte de la memoria y del pensamiento de Bruno, llamaba «psicología torturada» a esta disposición a guardar las imágenes con rasgos grotescos, llamativos, como si fueran imágenes patológicas. Al dotar de rasgos patológicos las imágenes, se convierten en activas. Es lo que Alberto Magno denominaba *metaphorica*. Según esto, podemos sustituir la palabra *memoria* por *alma imaginal*.

Mientras la alquimia acontece en un pequeño recipiente cerrado, el arte de la memoria acontece en una «pequeña habitación», como Giulio Camillo denominaba a la pequeña habitación de madera que él denominaba «teatro de la memoria renacentista». Esta imagen es muy distinta al vuelo del alma de un viaje chamánico, donde el alma es *inflación* y sale al espacio infinito exterior. Aquí el alma va hacia dentro, a un espacio muy pequeño, es un *itiratio* donde todo es estrecho, hay calor y opresión. Es el descenso y profundización hacia dentro, donde el recipiente es el cuerpo y su reino la profundización. Este descenso y profundización ensancha el alma y necesitamos tiempo y lentitud.

En esencia patologizar es una forma de mitologizar, es decir, cuando patologizamos hacemos que nuestra conciencia vuelva a un mundo mítico. La psicología de Hillman se basa en el método ideado por Plotino hace muchos siglos, en el que se afirma que todo conocimiento llega por semejanza y todas las cosas desean regresar a los originales arquetípicos de los que proceden y son copias. A esto último Plotino le dio el nombre de *epistrophe* y Hillman lo denomina *reversión*. Ejemplo de ello es el estudio que Hillman hace del suicidio como una búsqueda metafórica del alma de la muerte en su ensayo *Suicide and the Soul*.

Hillman no busca asociar un síntoma psicopatológico con un mito, sino más bien buscar las perspectivas míticas de las vidas del sujeto, aunque repite con cierta frecuencia la sentencia jungiana: «Los dioses se han convertido en enfermedades. Zeus ya no gobierna el Olimpo sino en el plexo solar y produce curiosos especímenes para la consulta del médico». Si asociamos a los dioses con la enfermedad, es un reconocimiento del carácter divino de la enfermedad. Los dioses se manifiestan en y a través de la vida humana. «En mi síntoma está mi alma», decía Hillman. Como gran seguidor de Paracelso comentaba la afirmación del mismo, que decía: «El médico debe conocer la otra mitad del hombre, esa mitad de su naturaleza que está vinculada a la filosofía astronómica; de lo contrario no será realmente médico del hombre. ¿Qué es un médico que desconoce la cosmografía?». Aquí cosmografía es el reino imaginal, los poderes arquetípicos.

Para Hillman, nuestro estilo de vida genera un estilo de consciencia basado en el héroe y centrado en el ego. Por ello, no damos crédito a nuestras fantasías, y si estas son muy fuertes, las literalizamos y las convertimos en problemas. Para Hillman debemos vivir psicológicamente qué implica vivir en una fantasía, en una historia, ser narrado por un mito. El proceso arquetípico es dinámico, cambiante; los mitos y dioses se mezclan, se suceden y cambian. Los problemas psicológicos no están para ser resueltos y superados, sino para hacer alma, por ello debemos huir del literalismo. Un hecho siempre es el mismo, pero puede verse de manera literal o contemplarlo de una manera poética, mítica, misteriosa. Owen Barfield opina igual: «El principal pecado de nuestros días es el pecado del literalismo». Hillman apunta: «El literalismo está basado en la conciencia monoteísta, todo es un único significado, endurece el corazón e impide el trabajo con la imaginación. El literalismo es un ídolo que olvida que es una imagen y se cree un dios».

Hillman recupera la visión junguiana que contempla el arquetipo como metáfora. Como Vico pensaba, como una fábula resumida, la metáfora da sentido y pasión a las cosas insensibles. Por ello, es una forma de personificar y por lo tanto de mitologizar. Jung definía los arquetipos como metáforas llenas de oposiciones internas, siendo capaces de ser incognoscibles, pero a la vez conocidas por las imágenes, son instinto y espíritu, son congénitas, pero no heredadas, y son psíquicas y extrapsíquicas a la vez. Podríamos decir que los arquetipos son *metáforas míticas* e igual que los dioses deben ser definidas por medio de sus interrelaciones siempre dinámicas y cambiantes. Hillman nos insta a encontrar los dioses de nuestras vidas, a los dioses que nos habitan, y ello comienza por reconocer nuestra existencia concreta como metáforas y representaciones míticas. Descubrir las relaciones e interacciones entre los dioses que nos habitan es describir nuestros mitologemas. Los mitos siempre se resisten a ser interpretados en la vida práctica, esto los literalizaría. Debemos vivir *nuestro propio mito*. Hillman continuamente nos recomienda vivir míticamente, y para ello debemos adquirir una perspectiva mítica, no encontrar nuestro mito, sino nuestro pequeño Olimpo interno, donde moran los dioses con sus relaciones, pulsiones y su propia vida interna. Por ello la mente, la psique, el alma no es monoteísta, sino politeísta.

Las polaridades de nuestra mente nos permiten ir de una dimensión nuestra a otra y no ser ninguna de las dos, sino las dos al mismo tiempo. Quien nos lleva de un polo a otro es Hermes. Por ello Platón y Plotino decían que el trayecto del alma es circular. Para Hillman la psicología es teísta y requiere de una psicología politeísta, porque la psicología no es ciencia, la psicología es filosofía y religión: «La religión y la psicología se ocupan de la misma cosa, el alma y los dioses, pero ambas se diferencian en la forma de aproximarnos a los dioses: en el caso de la religión es a través del rito, la oración y el culto; en la psicología los dioses son imaginados y nos acercamos a ellos a través de la psicologización, la personalización y la patologización». No obstante, monoteísmo y politeísmo pueden convivir perfectamente. Ejemplo de ello fue Sócrates y Ficino. Sócrates practicaba la religión politeísta, al tiempo que imaginaba de una manera monoteísta lo uno, lo bello, lo bueno. Ficino era sacerdote y practicaba el monoteísmo; al mismo tiempo imaginaba mitos e imágenes monoteístas. No elegimos una religión u otra, pues eso sería dualismo, sino más bien integramos ambas dimensiones, como ya se hizo durante el Renacimiento, cuando los dioses paganos convivían con Cristo en armonía.

Hillman utiliza una bella metáfora cuando dice: «La carne es una magnífica ciudadela de metáforas», aludiendo a que el alma está en todo lo humano. El ser humano existe en medio de la psique y no al revés. Pese a que el alma se experimente como interior y propia, no significa que esté dentro y sea mía. El sentido de interioridad nos hace plantearnos en qué lugar del cuerpo está el alma, pero no existe distinción entre cuerpo y alma, pues no hay fronteras entre ambos. Una vida humana es una personificación del alma, una proyección de ella. No es la vida lo que importa, sino el alma y cómo se vive la vida para cuidar el alma.

En la actividad onírica hacemos alma, pues en los sueños todo es metáfora y el ego es solo un personaje entre muchos. En los sueños se produce un teatro del alma, y por ello nunca debemos interpretar un sueño. Esto reduce su significado, les quita vida, los empobrece, los literaliza. Para Hillman nuestra principal preocupación no es vivir, sino imaginar.

Si nuestras almas no son nuestras, tampoco lo son nuestras emociones, que pertenecen a los arquetipos, y por ello las emociones siempre son míticas, como ya William Blake nos refería. La imaginación es la que organiza nuestras experiencias. Los sentimientos lo son todo, por ello hay que descubrirlos y confiar en ellos. Decía Hillman: «El corazón humano es el camino del alma». Por ello, el amor no es un fin, sino un medio para el retorno del alma a lo imaginal.

Hillman nos insta a profundizar en la psicología del Renacimiento, pues, según él, en esa época a través del humanismo renacentista se produce un poderoso cuidado del alma y por ello una verdadera psicoterapia. Hillman nos cuenta que hay que comenzar con Petrarca para entender que, a partir de él, comenzó lo que él denomina *falacia humanista*, en la que desgraciadamente se identifican y confunden el alma y el yo, el alma y el hombre, cuando realmente el verdadero Renacimiento comienza con el auténtico regreso del alma.

En abril de 1336 Petrarca asciende al monte Ventoux por un impulso, igual que Moisés ascendió al Sinaí llamado por la voz de Dios. En la mano llevaba *Las confesiones de san Agustín*. Cuando alcanzó la cumbre, extasiado por la belleza, abrió al azar el libro y leyó: «Los hombres viajan para contemplar admirados las cumbres de los montes, el oleaje embravecido del mar, la ancha corriente de los ríos, la inmensidad del océano y el giro de los astros, y se olvidan de sí mismos». Es aquí cuando Petrarca toma conciencia de que lo único admirable es el alma. Como consecuencia, Petrarca no escribe sobre los hombres, sino sobre el alma. En ese capítulo de san Agustín se habla de la memoria como facultad imaginativa del alma y de la relación de la misma con el hombre, dado que son dos cosas distintas. El alma no es mía, y las imágenes internas y externas tampoco lo son. Hillman sobre este episodio tan mítico de Petrarca dice: «Petrarca ascendió al monte Ventoux, pero descendió al valle del alma».

Si somos capaces de redescubrir el alma, vemos todo desde esta vivificación, y todo parece contener una luz interior, una luz especial y misteriosa que anima la existencia. El alma, la psique, está en todas partes, y esa concepción renacentista animada por el neoplatonismo ha llegado a nuestra época bajo el concepto de *panpsiquismo,* como J.N. Findlay y otros autores han puesto de manifiesto. Los neoplatónicos pensaban que las enseñanzas de su maestro Platón eran muy antiguas y se retrotraían a un dios sabio denominado Hermes, es decir, el Thot egipcio.

El neoplatonismo renacentista de Ficino invita a ver con los ojos del alma, el alma de las cosas. La filosofía para él es una actividad psicológica en la que el alma está en todo. Por ello, podemos decir que su filosofía es una filosofía de la inmanencia. Para los neoplatónicos renacentistas, los grandes hombres del pasado eran guías internos, mentores vivos que ayudaban en el desarrollo del individuo a través de la relación que establecía el individuo con ellos. Esta idea estuvo presente también en el estoicismo, o incluso imágenes interiores (*daimon*) que ayudaban a los individuos en su desarrollo, como lo hizo el *daimon* con Sócrates o Filemón con Jung.

Sabemos que Petrarca escribía largas cartas a Séneca, Cicerón y Homero, Erasmo oraba a Sócrates y Ficino celebraba un banquete el 7 de noviembre para conmemorar el nacimiento de Platón. Para Hillman, Ficino, al igual que Platón, eran «médicos del alma». Podríamos decir que Ficino no escribía filosofía, sino que, sin saberlo él, estaba haciendo psicología arquetipal.

Siguiendo con el Renacimiento, debemos decir que el personaje mitológico más popular fue Proteo, es decir, Mercurio, al que Jung asociaba con el inconsciente. Proteo y su forma cambiante se asocia con la cualidad cambiante, ambigua y múltiple del alma. En el Renacimiento, al igual que para todo el pensamiento neoplatónico, la muerte es una tónica común, y por ello el dios de lo oculto y subterráneo adquiere una importancia capital. Hades es por definición el principio arquetípico más profundo del alma.

A lo largo de todos los tiempos, la psique está en relación con la muerte y orientarse hacia el alma es orientarse hacia la muerte. Así, la representación del inframundo es el de un lugar plagado de imágenes psíquicas. Perséfone, que ama y defiende a Hades, representa el movimiento del alma. Cada uno de nosotros somos Perséfone en su alma. Solo experimentamos la psique cuando atravesamos una experiencia de muerte y las fuerzas inconscientes del inframundo se hacen con el poder. Los antiguos cultos mistéricos de Eleusis, que se basan en este mito, recrean el cambio psíquico cuando el alma es raptada por Hades. El rapto de Perséfone nos hace despertar a la muerte, rechazando la primera metáfora de la existencia humana, que es que no somos reales.

Para Hillman, al igual que para los griegos y los renacentistas, nuestra verdadera realidad es ser imágenes, es decir, nuestro cuerpo, conciencia y personalidad son fantasías de la psique. El ser humano se queda atrapado en la literalidad de su existencia al negarnos a nosotros mismos y negar la naturaleza fantástica de nuestras vidas.

Durante el Renacimiento se produjo un cambio de perspectiva, un cambio de conciencia que conllevó una trasformación visible, especialmente en el arte. Se produjo un importante conocimiento del alma humana y, junto a su pasión por la antigüedad clásica, el paganismo y el politeísmo trasformó la forma en que el ser humano veía la realidad. Hillman pone de manifiesto cómo este cambio de mirada fue el detonante de la aparición de la perspectiva en el arte o la aparición de la música polifónica, que tan buen exponente tuvo en la música sacra de Palestrina, por ejemplo.

El lenguaje también se trasformó, pues debía ser vago, figurativo, hablando de las emociones, las sensaciones y las fantasías. Este lenguaje, según Hillman, dio lugar a la aparición de la *retórica*. Este lenguaje de la hipérbole, la metáfora y la insinuación es enérgico y vivo. Por ello Petrarca hablaba de que el cuidado del alma requiere un cuidado de la palabra. Hillman hace expresa mención de Pedro Laín Entralgo cuando afirma: «Siguiendo a Laín Entralgo, creemos en la imaginación verbal y en el poder terapéutico y encantatorio de la palabra. La terapia se beneficiaría si volviera a la retórica, la retórica como método». Hillman sigue afirmando: «Jung, a diferencia de Freud, era un gnóstico, pues volvió a la retórica y escribía como un gnóstico. El estilo de Jung está más cerca de la retórica renacentista. Jung puede escribir como un gurú, como un gnóstico, como un psiquiatra».

Según esto, la psicología significa dar alma al lenguaje y encontrar un lenguaje para el alma. La cura del alma requiere hacer una rectificación del lenguaje. Hillman dice: «Podemos hacer alma a través de la palabra. Las terapias deben recuperar la narración y el sentido de la palabra». El rasgo distintivo, según Hillman, del hombre imaginal es que habla de su alma y restaura un lenguaje retórico que revitaliza el lenguaje.

Para Hillman, uno de los grandes problemas que se produjo fue la aparición del protestantismo y la guerra que desencadenó contra la imagen. La psicología ha sido una creación principalmente alemana, por lo que la raíz de la psicología es alemana, y por ello protestante, un ser humano monoteísta que rechaza el panteón politeísta. Por este motivo, Hillman, en su libro crítico *El mito del análisis,* habla de centrarnos en nuestras imágenes: «Adentrarse en el ser es adentrarse en la cultura mediterránea, es un viaje para exploradores. El hombre renacentista aún vive en nosotros, en nuestros sueños. El hombre proteico del Renacimiento es Dionisio, el diablo. Los dioses se han convertido en enfermedades». Esta nueva visión de Hillman lleva su pensamiento y su concepción del mundo a la filosofía perenne.

La *Pistis Sophia* de James Hillman

Nunca se ha calificado el trabajo de Hillman como de tradicionalista o perennialista, pero su visión, que está anclada en el neoplatonismo y que como trasfondo se basa en la alquimia, el Renacimiento y el Romanticismo, no puede tener otra traducción que *pistis sophia,* es decir, esa visión del mundo y del ser humano que se enclava en una ancestral corriente de pensamiento. Me gustaría ahondar algo más en este concepto aplicado al mundo hillmaniano, para poder llegar a descubrir las similitudes.

Toda persona tiene un ánima, y aunque esta siempre se ha asociado a lo femenino, los arquetipos trascienden los géneros. La obra de la psicología es el alma, es decir, la creatividad psicológica es hacer alma. Jung ya dejó claro que su concepto de alma no es el cristiano. Para Jung el alma es una personalidad mediadora entre la totalidad de la psique, que es mayormente inconsciente, y el propio yo del individuo. El ánima se convierte en psique, en decir, es el camino que nos lleva a la psique; en consecuencia, las experiencias anímicas son la vía iniciática para la creatividad psicológica. Lo que más fascina del ánima es la belleza. El deseo erótico tiende siempre a la belleza, por ello, el ánima se convierte en psique a través del amor y es Eros quien engendra la psique. Lo creativo es el resultado del amor y la conexión entre imaginación y belleza. Es un mito universal, el despertar del alma a través del amor que forma parte de antiguos folclores, leyendas y cuentos. Quizás el más conocido es *El asno de oro* de Apuleyo, un relato mistérico sobre la trasformación de la consciencia cuyo trasfondo es egipcio y que, analizado de manera pormenorizada por Hillman, cree que es el único relato que tenemos sobre la psique acerca de una psicología creativa.

El amor, Eros, es un elemento fundamental. Igual que para Freud la sexualidad era una fuerza importante, para Platón Eros era una energía espiritual. Eros no es sexualidad. Eros tiene una connotación masculina, pues el amor da vida y por eso tiene relación con Hermes y con Pan, que son el mensajero masculino y la forma masculina de la naturaleza. Eros tiene alas, es decir, representa la *automoción* y se asocia al fuego y el aire, frente a Afrodita, diosa del amor que se asocia a lo femenino, a lo húmedo, al agua.

Para Hillman, al igual que para los autores clásicos, nosotros no tenemos a Eros en nuestro interior, sino más bien es Eros quien nos tiene a nosotros. Kerenyi, el gran mitólogo y pensador que frecuentaba el círculo Eranos de Jung, pensaba que Eros trascendía la vida individual y que era una *metaxy*, es decir, un lugar intermedio entre lo humano y lo divino, y de esa manera recogía la visión de platón, que pensaba que era un psicopompo, o sea, un intermediario que conecta lo personal y el más allá. Es una función divina que lleva el alma hacia los dioses.

Desde la época homérica se creía, como hemos mencionado anteriormente, que un alma oculta denominada *daimon* actuaba en el pecho o en el diafragma (es decir en el *thymos*), que eran la sede de la conciencia emocional. Este *daimon* era el portador del destino individual y protector inmortal, y era necesario establecer un dialogo con él. Platón es el autor que más referencias hace al *daimon,* hasta el punto de, que en sus relatos sobre Sócrates, su amado maestro, se evidencia que uno de los elementos que más ayudaron en la condena a muerte del sabio ateniense fue considerar que un dios interno le hablaba y le guiaba. El *daimon* de Sócrates era Eros.

Para los clásicos, como para Hillman, el *logos* (que podemos denominar *pneuma* o *nous*) está dentro de Eros y se convierte en un *daimon* inhibidor. El *logos* crea el mundo como un relato, y por ese motivo, el mito es el arquetipo de todo conocimiento fenoménico de que es capaz la mente humana. El Sócrates platónico demuestra que Eros crea la psique humana. El *daimon* con quien habla Sócrates es Eros. Hillman, siguiendo a Platón, opina que Sócrates es un *psicopompo,* pues es el prototipo de psicólogo. Creía que tenía el don de la clarividencia y la profecía que le venían del *daimon,* una importante susceptibilidad e interés por la belleza, poseía una imaginación psico–mitológica y enseñaba creativamente a través del ejemplo y la dialéctica. Para Sócrates, para Platón y para Hillman Eros es el conocimiento verdadero que une y sintetiza todas las facultades psíquicas.

Eros no solo guía el alma, sino que lleva la muerte dentro de sí, y por ello es otro rostro de la muerte. El *daimon* es una chispa que puede encenderse en el otro, por eso arte y educación pueden hacer que Eros se manifieste. Para Sócrates la verdadera enseñanza es solo posible a través de Eros. El verdadero amor es el que educa.

El miedo también pertenece a Eros y esta es su parte demoniaca; pero no como algo negativo, sino como un sabio consejero en el que el amor aviva el miedo, y termina convirtiéndose en una necesidad inherente a la experiencia de Eros. El alma que no está conectada al cuerpo a través de Eros se encuentra separada de él. Según relata Platón en el texto más importante sobre Eros,

El banquete, Eros es necesario para tomar parte del mundo imaginal; es decir, para entrar en el mundo imaginal hay que amar y desear, un desear apasionado. Por eso, la verdadera imaginación procede del corazón, donde está *thymos* y el *daimon.*

Sócrates dijo que la psique humana tiene algo de divino y que el primer deber de cada uno es cuidar de su salud. Para ello, Eros es la pieza fundamental que une e integra todas las facetas del ser. Por eso, Hillman recoge el legado de Sócrates y le denomina «Eros terapéutico» o «empatía compasiva». Como consecuencia, la terapia es el amor al alma. El terapeuta como el filósofo es el que enseña y cura, y todo ello con amor y deseo. Jung le dijo en una ocasión a un amigo: «Cuando muera nadie se dará cuenta de que el viejo del ataúd una vez fue un gran amante».

La máxima socrática «Conócete a ti mismo», si introducimos el amor, se trasforma en «Revélate a ti mismo», pues es en el amor donde nos revelamos.

El amor se representa con una venda en los ojos para significar que debe cambiar su visión cotidiana por una visión de alma a alma, debe de abrir otro ojo, el ojo del corazón, y como fuego, quema a otros y se quema él mismo. Esto significa que hay dolor y sufrimiento, pues todo cambio de consciencia requiere este sufrimiento, y esto se relaciona con lo psicopático. Eros siempre es algo psicótico, pues en el amor es necesario estar loco.

La belleza es el primer atributo que atrae a Eros. La belleza del alma se pone de manifiesto en las imágenes de psique. Por ello, la belleza de psique proviene de la reina de las almas difuntas, Perséfone. Esta es la belleza del conocimiento de la muerte.

Las imágenes son lo que cada uno de nosotros ha experimentado en la psique a través del amor. Eros y psique son los dos extremos de todo proceso psíquico y se necesitan mutuamente. Jung, al igual que Hillman, piensa que, cuando un Eros de otro toca mi alma, enciende mi *daimon,* y esto desbloquea la trasferencia, que es el elemento básico de toda relación humana. La psique está implantada en un contexto histórico, por eso nuestras relaciones no solo nos afectan a ti y a mí, sino que afectan y trasforman la historia. Hillman dice: «Nuestras relaciones son una forma de cultura».

Volviendo a la concepción que Jung y Hillman tienen del ser humano, la infancia del alma se encuentra inmersa en la memoria. Por ello, la memoria sería el hogar de nuestra primera personalidad mítica y las fantasías de la memoria serían el primer discurso del alma.

Ya hemos visto, en otras partes de este libro, la importancia de san Agustín y su estudio de la memoria y el alma. En su autobiografía espiritual *Confesiones,* San Agustín denomina al mundo interno «cuevas, campos y cavernas». A este mundo interno, que sería el inconsciente de Jung, san Agustín le denomina *memoria dei* o *thesaurus incrustabilis.* Para san Agustín, la memoria es el lugar más recóndito, profundo y secreto de la mente, donde Dios mora con su luz y desde donde nos enseña en calidad de «nuestro maestro interior».

Ya Platón le otorgó a la memoria un verdadero estatuto ontológico, pero, con el tiempo, perdimos el yo imaginal y nos identificamos con el yo racional. Entonces, la memoria se hizo pequeña y se ocultó en nuestro interior, haciéndose inconsciente. Por ello, Hillman defiende con energía y determinación volver a denominar memoria a lo que ahora denominamos inconsciente: «Si recuperamos la memoria perdida seríamos capaces de recuperar el alma y acabar con el dominio del materialismo».

Como ya vimos en *El arte de la memoria* de Frances Yates, se pone de manifiesto la relación entre la memoria y el inconsciente. Yates pone de manifiesto cómo desde la antigüedad hasta el Renacimiento hay técnicas para *hacer alma,* que consisten en ordenar el *thesaurus incrustabilis.* Yates recupera estas técnicas y nos las brinda con claridad científica. Lo primero es construir un templo interior fantástico y situar estatuas de figuras míticas, dioses, mitos, etc. Cada tema, cada mito, cada escultura, se corresponde con un arquetipo o forma imaginal. Esta técnica es utilizada por Alberto Magno o Giordano Bruno y pone en valor que la memoria no es un repositorio estático de hechos y conocimiento, sino que es una meditatio, es decir, una forma de conocer íntimamente las regiones del cosmos y de la naturaleza humana.

Según Alberto Magno, «lo maravilloso conmueve más la memoria que lo ordinario y a esto se le llama *metaphorica*». Por eso, Yates dice que el lenguaje del reino imaginal se encuentra más próximo al arte. Como pone de manifiesto Hillman, que sigue aquí a Platón y a Cicerón, «la memoria es la prueba del origen divino del alma. A través de la memoria, los dioses entran en nuestras vidas. En las *Confesiones,* san Agustín se refiere a que el arte de la memoria requiere trabajo, fuerza de voluntad y sobre todo amor. Las imágenes se activan por el amor. Hemos contado cómo representamos cada figura arquetípica o tema mítico con características y atributos especiales. Los mitos reordenan la imaginación y la fantasía es la fuerza primordial del alma, trasformando los sucesos en mitemas. La psicopatología es algo inherente al mito; por ello, lo imaginal, como es emocional, nos hace sufrir. Yates dice: «Los palacios y cavernas de la memoria son también los campos del infierno».

Para Frances Yates, la fuente principal del arte de la memoria es el *ad herennium,* que se define como colocar las imágenes de una determinada manera para ser recordadas. Las imágenes se recuerdan mejor si son activas y, como consecuencia, les debemos dar y atribuir rasgos bellos, cómicos, grotescos, deformes, etc. Yates afirma que el amor a lo grotesco durante la Edad Media pueda deberse al intento de utilizar el arte de la memoria para preservar la conciencia imaginal. El alma es tortuosa por naturaleza. Ese manierismo es el mismo que ostentan los cuadros psicopatológicos.

Hillman nos relata que fue Corbin quien le animó a que la nueva visión o nuevo estado de conciencia lo denominara *yo imaginal,* que se activa con la imaginación activa, que ya vimos que fue un método rescatado por Jung de la antigua alquimia, o bien a través del arte de la memoria, o quizás de ambas, pues en ambas técnicas se trabaja con las imágenes.

El yo racional es lineal, pero el yo imaginal tiene un recorrido uróborico, es decir, circular. Plotino imaginó que el movimiento del alma era circular y que el yo imaginal vuelve una y otra vez a los mismos asuntos. La rememoración continua de cosas pasadas conduce al núcleo de la memoria de significado arquetípico. Es lo que se denominaba *iteratio alquimica.*

Aunque parece que mi imaginación está dentro de mí, soy yo quien está dentro del terreno de la imaginación. El yo imaginal, o lo que podríamos llamar *conciencia imaginal,* es fundamentalmente comportarse imaginativamente.

De la psico-patología a la mito-patología

Hillman deja bien claro en sus escritos que la cuestión no es tan sencilla como asociar, simplemente, un mito o un dios con una psicopatología, sino, más bien, adquirir una visión mítica de la realidad. Para ello, hay que tratar de examinar el comportamiento humano como una narración, como un cuento. Cada vida es una vida mítica que posee su propio estilo narrativo, pues los mito-logemas son los elementos básicos que estructuran la mente, es decir, la mente tiene una naturaleza mítica. En nuestro caso, en Occidente debemos volver a la Grecia clásica, ese es nuestro te-rreno mítico por naturaleza. Y es aquí, en el terreno de la mito-logía, donde encontramos nuestro hilo narrativo, en el mundo de múltiples dioses que están en continuo cambio y trasforma-ción, donde todos interaccionan y se interrelacionan. Los mitos describen procesos, no hechos puntuales.

La estructura del mito es dramática y en su propio interior se encuentra la solución al proceso, por lo que la patología y su cura están en su *core,* en el interior. En la zona recóndita de nuestra psique es donde habitan los dioses y la actitud que debemos adoptar hacia ellos es religiosa, pero desde una perspectiva teológica politeísta, es decir, pagana.

Si nos damos cuenta, siempre nos hemos vuelto hacia la mitología en busca de inspiración humanística, moral o estética, desde el Renacimiento, los poetas románticos o la psicología profunda. Hillman nos habla de que el método para el estudio de la mitología es el *método de la fantasía*. Para ello, se exige que la mitología se someta al arte de la memoria, donde los dioses viven todavía y hablan a través de nuestras fantasías, la patología, los síntomas y el dolor.

Estos mitos se muestran a través de nuestra imaginación y tienen una función terapéutica, pues, como hemos dicho, en su núcleo interior está la solución terapéutica que nos sana. La mitología clásica es un auténtico libro de psicopatología. Hillman afirma: «El psicólogo deberá ser un guardián de la gran reserva natural de la memoria y sus innumerables tesoros».

Como hemos visto anteriormente, el lenguaje de la psicología ha de reflejar la belleza de la psique, que Hillman decía «debe ser grávida de voluptuosidad». Así, el lenguaje tiene que volverse a la retórica, al lenguaje rico, a la metáfora, a la poesía, al mito. El lenguaje debe ser imaginal. Las palabras son nuestros instrumentos psíquicos primarios y los lenguajes poéticos nos muestran el alma. El lenguaje científico, por contraposición, es frío, mensurado, aséptico y por lo tanto cosificado. El lenguaje científico sustantiva y el lenguaje poético nos libera y trasciende. De ahí que el discurso es el ritual del alma y, como decía Confucio, para renovar la cultura se debe rectificar el lenguaje.

Si la psique es poética, mítica y politeísta, debemos volver a tener una conciencia pagana. Como afirmaba Hillman, Dios ha muerto, pero no los dioses. Ficino afirmaba que era un error adorar a un solo Dios. Y eso lo decía un sacerdote cristiano.

La reivindicación del yo cartesiano y racional, de lo mensurable, de la ciencia, de la razón, exigió una trasformación de la mente pagana en una mente monoteísta, y por ello Cristo reina en nuestro mundo interno. Por el contrario, la mente pagana, politeísta, poética y mítica requiere de un yo imaginal y esta contraposición a Cristo es Dionisio. Podríamos decir que Cristo mató a Dionisio, ese ser masculino y fálico, pero de culto femenino, pues Dionisio es bisexual.

Hillman, al igual que otros pensadores contemporáneos como Claudio Naranjo, habla del regreso a la conciencia dionisíaca, y es a eso a lo que nos referimos. Dionisio es el dios loco y el dios de la tragedia, que está relacionado con el inframundo del alma; por ello, se asocia con el Hades. El yo dionisíaco debe expresar la bisexualidad, su característica fundamental. Si Dionisio es el señor de las almas, también es el alma de la naturaleza.

La figura griega que combina la vida y la muerte, es decir, que puede ver la muerte a través de la vida, es Tiresias, pues solo él mantiene el juicio en la casa de Hades y participa de ambos sexos. Más explícitamente, para aproximarse a la muerte hay que hacerlo a través del hermafrodita. La muerte y la conciencia bisexual pertenecen a Dionisio. El culto dionisiaco requiere de iniciación, y solo a través de la toma de conciencia de la bisexualidad que se produce al tomar contacto con nuestra feminidad se originará una trasformación de la conciencia apolínea a la conciencia dionisiaca. Dionisio tiene su hogar en el mar, por eso es un dios de la humedad, y de ahí el descenso es la humedad. La conciencia es apolínea: no quiere alma, quiere espíritu, se eleva y es masculina. Lo dionisiaco es inconsciente, femenino, húmedo, quiere alma y profundiza. La conciencia dionisiaca requiere ver lo literal como fantasía y no polarizar el mundo, es decir, la no dualidad de la existencia. Para Hillman, la psicología humanística propiciada en los años 50, 60 y 70 por pensadores como Maslow,

Perls y otros están equivocados queriendo incrementar el nivel de conciencia con la utilización de métodos meditacionales, yoga, técnicas orientales que aumentan la conciencia apolínea. Más bien lo que habría que hacer es debilitar la conciencia apolínea para facilitar que surjan las imágenes de las cavernas de la memoria. No es sublimarse, elevarse, espirituarse, convertirse en aire, elevarse; al contrario, es profundizar, sumergirse, adentrarse en la memoria, excavar en las imágenes y encontrar a Dionisio. Hillman habla de la «manía telestésica», que pertenece a Dionisio, y que significa entremezclarse, participar, relacionarse, no aislarse, pues la conciencia dionisiaca requiere de un *thyasos,* es decir, una comunidad, y esa comunidad puede ser externa o interna (los dioses internos). El Olimpo no está en los cielos, forma parte de nuestro interior y está en nuestras tripas.

El alma y sus códigos: la teoría de la bellota

James Hillman escribe un libro que se convierte en un referente en el pensamiento contemporáneo, llegando a ser un *best seller* de la filosofía y la psicología: *El código del alma*. En el libro detalla sus teorías acerca de su metáfora orgánica de la vida humana y la naturaleza del alma. Para Hillman hay una razón de por qué estoy vivo: porque el mundo quiere que yo esté aquí, teniéndome que hacer responsable de una imagen innata que concreto en mi propia biografía. Esta sería la originalidad y síntesis de su hipótesis y teoría.

Según esta teoría, mi biografía no la determinan mis genes, mis experiencias, mi familia; muy al contrario, desde antes de nacer poseemos una imagen innata donde todo está implícito. Esta imagen donde va implícito el carácter de la persona conlleva también que esté contenida toda la biografía de la misma. Cada persona nace con un llamamiento o vocación, esto está referido en el mito de Er, que Platón recoge en su texto *La república*. Refiere Hillman: «Al alma antes de nacer se le da un *daimon* singular, el cual ha seleccionado una imagen o pauta para vivir en la tierra. Es el acompañante del alma y nos guía en este mundo. Es la portada de nuestro destino».

El *daimon* siempre está ahí desde el inicio, por ello debemos estudiar y explorar nuestra infancia, para ver y vislumbrar la influencia del *daimon* en nuestras vidas. Según esto y para Hillman, el mito tiene una función psicológica redentora. El mito platónico es mucho más antiguo. Los egipcios le llamaban *ka* o *ba*, lo que luego sería denominado por los neoplatónicos *ochema*, un cuerpo imaginario que trasporta a la persona como un vehículo. Esta imagen que porta el destino y sino del individuo, que no es la conciencia y que no es un instructor moral, pero contiene toda la vida y destino de la persona, Platón la denomina también *paradeigma*. Los romanos lo denominaron también *genius* y los cristianos, ángel de la guarda. Hasta las tribus africanas y chamanes lo han denominado *alma libre* o *animal*. Este concepto es universal.

Este *daimon* no instruye, no es moralista, pero podemos interaccionar con él, incluso hacerle peticiones, pues contiene lo más genuino de nosotros. Él sabe quiénes somos en realidad. «Este *daimon* tiene un carácter misterioso. Su naturaleza es oscura, a veces son susurros, intuiciones, síntomas», nos refiere Hillman. Así llega a lo que él denomina *teoría de la bellota*. En la bellota está contenido el roble en potencia, sus características, sus cualidades; lo único que tiene que hacer la bellota es germinar, desplegarse y crecer. De la misma manera, para Platón y Plotino, cada uno encarna su propia imagen, y esa imagen no admite muchas desviaciones de lo que realmente es. Además, esta imagen tiene una intención angélica o daimónica, una chispa de conciencia. El *daimon* siempre tiene en cuenta mi interés. Soy objeto de sus cuidados. Algo se interesa por lo que hago, incluso me cuida, me mantiene vivo más allá incluso de mi propia voluntad.

Hillman pone el ejemplo de que en mi cuerpo se producen fenómenos que trascienden mi propia voluntad. Por ejemplo, el sistema inmune, la cicatrización, el funcionamiento celular.

Llamamos instinto a lo que nos preserva, pero con anterioridad le denominábamos *espíritu guardián*. En los comienzos de la biografía del niño es donde podemos observar con más claridad esta influencia del *daimon,* en múltiples gestos, síntomas, acciones, muy especialmente en los niños difíciles, los hiperactivos, los desadaptados, los rebeldes, los conflictivos.

Según Hillman, la intolerancia rebelde en los niños es una característica principal de la bellota. Para nuestro autor, antes de acudir al psicólogo o al psiquiatra, hay que tratar de entender estas conductas como llamamientos del *daimon,* es decir, tener una interpretación mítica de la conducta del niño. Hillman refiere: «Deseo que la psicología se base en la imaginación más que en las estadísticas y los diagnósticos. Los trastornos infantiles no son problemas del desarrollo, sino emblemas reveladores». Como pone de manifiesto Hillman, en nuestra cultura los síntomas significan algo malo y negativo, porque "el pecado más importante de la psicología es el desvío de la belleza, pese a que el corazón humano la anhela».

El *daimon* es *presciente,* es decir, no desaparece, es inmortal y necesita una dosis de belleza y ser reconocido por su portador. Su lenguaje natural son las imágenes metafóricas que preparan la base mental poética de esta. El crecimiento y desarrollo espiritual siempre se ha representado como un ascenso hacia las alturas, una escalera que se eleva hasta el cielo, cuando en realidad es al revés, todo va hacia abajo; de hecho, nacemos hacia abajo, y por eso al niño le cuesta tanto crecer, porque crecer hacia abajo es mucho más costoso.

Según todas las tradiciones espirituales, mientras las fontanelas del niño aún no se han cerrado y solidificado, el mundo espiritual puede influir de manera decisiva. Esta misma situación, según Hillman, la podemos ver en el propio zodiaco: se inicia en la cabeza y se termina en los pies, que es piscis. Lo último en nacer son los pies y lo primero en marchar con nuestra muerte también son los pies. Esta simbología hace merecedor a los pies de un significado bastante distinto, con la metáfora del descenso y el *hacia abajo*. La metáfora orgánica del árbol con raíces invertidas, es decir, raíces en el cielo y hojarasca en la tierra, lo podemos ver en la imagen del árbol sefirótico de la *Kabbalah*. El alma desciende al mundo, por lo que la tradición judía repite el mito platónico de Er. Según Platón, todas las almas esperan en el cielo, cada una con unas características, una suerte y un destino, que se denomina *moira*. En función de esta, cada alma escoge un *daimon* que le guarde y sirva para desarrollarse en la vida mortal y cumpla su destino, el destino de para qué ha venido a este mundo. Laquesis coge cada alma y se la entrega a cada *daimon*, pasando por un lugar llamado Clotos, donde el alma gira como en un telar. Luego el alma es trasportada a *atropos* para asegurar su destino y que no haya vuelta atrás. Una vez acontecido esto, el alma selecciona la imagen que quiere ser vivida, es decir, el *paradeigma*. Antes de que la vida ingrese en la existencia humana, atraviesa la Llanura de Lete, olvidando todo lo anterior, aunque el *daimon* siempre recuerda su imagen. Según Plotino, «un *daimon* guía cada alma hasta un cuerpo, un lugar determinado, unos padres, aunque no lo recordemos pues fue erradicado en las Llanuras de Lete». Para la tradición judía, en nuestro descenso al mundo, un ángel nos apretó los labios con el dedo índice para que callemos y olvidemos todo, de ahí nuestro surco entre nariz y labios. El *daimon* selecciona unos padres, un óvulo y un espermatozoide para engendrar una persona única e irrepetible.

Según esta teoría, el alma está situada en el corazón, por eso nuestro corazón contiene la imagen de nuestro destino. Necesitamos lentamente ir conociendo esta vida para desvelar nuestro destino. Según esto, los padres y su educación no son tan importantes como creemos, o le hemos otorgado una responsabilidad excesiva, lo que Hillman denomina «la falacia de los padres». En esta teoría, el entorno y la dimensión ecológica tienen más importancia que la educación parental. Hillman afirma: «El mundo vibra y rebosa información, la cual siempre está disponible. Los niños reconocen este poder de la naturaleza, por eso la imaginación del niño depende totalmente del contacto con la naturaleza. La imaginación se desarrolla no por las historias que les contamos, sino por la invitación de la naturaleza a crecer hacia abajo».

En esta teoría, igual que para Hillman, los antepasados son muy importantes, pues no solo heredamos sus genes y los tejidos orgánicos de los que estamos hechos, sino que se convierten en espíritus protectores, especialmente de nuestra imagen particular alojada en el corazón. De esta manera, en la antigüedad se reverenciaba, se rendía culto y se oraba a los antepasados como espíritus protectores no tanto de nosotros, sino de nuestro *daimon,* de nuestra imagen, de lo más preciado que tenemos en nuestra vida.

La bellota es invisible, por lo tanto, para estudiar la naturaleza de la invisibilidad debemos acercarnos a través de cinco puentes que nos llevan de lo visible a lo invisible y viceversa. Estos puentes son los mitos, la música, las matemáticas, la mística y la belleza.

Según esto, vivimos entre elementos invisibles en nuestra cotidianidad (los valores, el tiempo, la felicidad, etc.). Bergson decía: «Nuestro intelecto, nuestra lógica se mueve entre cuerpos sólidos». Uno de los poetas más creyentes en la teoría de la bellota es Wordsworth, que cree que no está empotrada en mí como un elemento externo, sino que soy yo quien está empotrado en una realidad mítica de la que la bellota es mi pequeña porción particular. Esta sensibilidad del intelecto se denomina *sensibilidad mítica* y a través de ella percibimos lo invisible, la bellota. Esto también se domina intuición: «A cada forma natural, roca, fruto o flor, incluso las piedras sueltas que cubren el camino, di una vida moral: vi que sentían. O las uní a un sentimiento: la gran masa yacía empotrada en un alma que se avivaba, y todo cuanto contemplaba exhalaba un significado interno» escribe Wordsworth.

Hillman dice: «La intuición percibe la Gestalt, percibe la imagen, percibe el *paradeigma*. La intuición es ajena al pensamiento y al sentimiento, nos sucede sin ningún proceso conocido, de manera inmediata, clara, rápida y completa». Esta rápida y súbita comprensión, que los filósofos de la ciencia denominan *vivencia del ¡aja!*, se denomina *erlebnis*. Filósofos como Spinoza y Bergson creían que era el verdadero método filosófico para conocer la verdad.

Hillman, al igual que toda la tradición que le precede, afirma que hay que tratar de aprender a ver lo invisible, poder intuir y ver la bellota que se aloja en nuestro interior para poder contemplar el *daimon*, ya sea el nuestro o el del otro. Esta es la verdadera misión del mentor, tal y como afirmaba Sócrates, capaz de ver el *daimon*, la bellota del otro, para ver quién es en realidad y podamos facilitar su aprendizaje. Ese aspecto invisible, ese *daimon* o bellota, no se observa en lo que hace, sino más bien en cómo hace las cosas. Esa intuición, como veremos más tarde, se refiere a los ojos del corazón. Con el ojo del corazón vemos lo invisible, y lo vemos a través de singularidades, las particularidades de cada individuo, que es lo que nos hace especiales y únicos, lo que Hillman denomina *eachness*. Hillman afirma: «Ver la bellota requiere tener vista para captar la imagen, para ver lo que exhibe y luego tener el lenguaje para expresarlo». Incluso los gemelos monocigóticos idénticos genéticamente y con exacta educación se diferencian y cada uno es distinto, porque la creatividad, que procede directamente del *daimon* les hace distintos, particulares. Hillman se atreve a afirmar que el *daimon* influye especialmente entre los tres y los ocho años, y en la adolescencia. Para Platón, en la expresión del carácter, la fortuna juega un papel fundamental y el filósofo la denominaba *ananke*.

Hillman adquiere una visión ecológica de la existencia, pues cualquier cosa que nos rodea puede nutrir nuestra alma alimentando la imaginación. A esta forma de contemplar el entorno Hillman la denomina *ecología profunda,* pues todo lo que nos rodea tiene alma y está animado. Por ello, precisamente el mundo está atento a nosotros, nos provee y nos cuida. Este es el concepto de *providentia.* El mundo nos cría y nos nutre. Objeto y sujeto no están separados, es decir, es una visión *no dual* como la que impera en el *advaita hindú.* La base poética de la mente necesita la nutrición que le proporciona la naturaleza y necesitamos alimentar el alma con modelos que nos traigan las verdades e imágenes primordiales.

La imagen con la que nacemos nos empuja desde el comienzo y traza nuestro destino hasta la muerte. De esta forma, podemos hablar de finalismo teleológico, para diferenciarlo del fatalismo, pues todo tiene un propósito oculto. Dice Hillman: «Para entender la biografía del *daimon* a partir de la cronología de una vida debemos interpretar la vida hacia atrás por medio de la intuición».

Heráclito decía: «*Ethos anthropoi daimon*», lo que viene a significar «El carácter es el sino». Este *ethos* no tiene nada que ver con la ética, sino con la conducta habitual. Uno es tal y como dirige su vida. Lo que uno hace en la vida altera el alma; es más, nuestra conducta hace alma. El *daimon* que se convierte en fuente de ética humana y vida feliz es lo que los griegos denominaban *eudaimonía.*

La teoría de la bellota es una metáfora orgánica y es que la bellota es un símbolo mítico por sí solo. Los robles han sido a lo largo de los siglos árboles mágicos de los antepasados y se han asociado a dioses como Zeus, Júpiter, Wotan, etc. Los robles son árboles anímicos, pues son refugio de las abejas, que producen la miel o néctar de los dioses, y porque en sus bosques siempre han vivido seres mágicos, ninfas, adivinos, sacerdotes. En la antigua Grecia el roble era un oráculo, pues conoce lo que se oculta a los ojos humanos, y por ello en la antigüedad especialmente el roble hablaba a través de las mujeres.

Robert Graves decía que las sacerdotisas de Dodoma en Grecia y los druidas galos masticaban bellotas para inducir el trance profético. La bellota es una planta embrionaria que contiene toda la esencia del roble. Los árboles, como nutren, protegen y ofrecen abrigo y materia prima, son femeninos; salvo el roble y sus bellotas, que se asimilan a lo masculino, pues la bellota tiene forma de glande, de pene, de aquí que los griegos le dieran el nombre de «el glande del pene de Júpiter». No hay ninguna mejor metáfora para nuestro *daimon* oculto que la teoría de la bellota. Ahora solo debemos perfeccionar nuestra visión interior, nuestra intuición a través de nuestro corazón.

La ontología del corazón

Toda la obra de Hillman está basada en el pensamiento del corazón del filósofo Henry Corbin. A lo largo de su obra muestra más influencia de Corbin en su pensamiento que el impacto de Jung en su obra. Y es que el corazón es el lugar primordial para las imágenes, por ello Corbin y Hillman crean una ontología del corazón. Corbin fue un gran conocedor de la obra del místico sufí Ibn Arabí. A lo que los griegos daban el nombre de *enthymesis,* el sufí murciano lo denominaba *himma,* es decir, hacer reales las figuras de la imaginación. Son figuras imaginalmente reales, ni son ilusiones nuestras, ni nos pertenecen, ni son subjetivas ni objetivas. Para recuperar el mundo imaginal hay que recuperar el corazón y construir una filosofía y una ontología del corazón.

Según Corbin y Hillman, el corazón es un órgano sutil que percibe las correspondencias entre las sutilezas de la conciencia y los niveles de la existencia. En cada imagen, en su interior, hay una combinación de conciencia y de mundo. La inteligencia de la imaginación reside en el corazón y por ello el trabajo del corazón es pensamiento e imaginativo.

Hillman describe tres tipos de corazón. Poseemos los tres en potencia, pero podemos hacer prevalecer uno de ellos sobre los demás:

a) *El corazón de león.* El corazón es el asiento de mi unidad, mi fuerza, mi pasión y mis virtudes más nobles. Se le simboliza redondo como el sol y se asocia al oro, al rey, al rojo, al azufre y al calor. Desde nuestro centro irradiamos calor y energía. Se asocia a Marte, Hércules, Sansón y David. Sus características es ser monista, monoteísta y monárquico, y en la alquimia se asoció como hemos visto al azufre. El azufre está en todas las cosas del mundo. Todo lo que ilumina y enciende nuestra alegría y todo lo que irradia belleza se debe al corazón de león, es la imagen inflamable del mundo. Según arde el azufre, se va solidificando, y eso hace que se peguen los objetos, es decir, combustión y coagulación se producen a la vez. Según Jung, «el azufre representa la sustancia activa del sol, el elemento motor de la consciencia, la voluntad y la compulsión. Las operaciones que se hacen con el azufre se hacen en el corazón». Esta descripción la realizó por primera vez Aristóteles, que afirmaba que el corazón siente y reacciona al unísono. Paracelso afirma que el corazón del individuo es el centro de las imágenes y se relaciona con el corazón macroscópico del mundo, que es el sol. Si el corazón es el lugar de las imágenes y se produce un infarto es porque el corazón está lleno de azufre, es decir, está repleto de imágenes y fantasías. Hemos sido atacados por el león de nuestro pecho, por el corazón lleno de *himma.*

b) *El corazón de Harvey.* Es el corazón como bomba o músculo. Aunque se atribuye a Harvey la descripción del corazón como bomba muscular que garantiza la circulación de la sangre en 1628, tiene precedentes históricamente datados en Servet, Leonardo da Vinci, Bruno e incluso la medicina egipcia. Este corazón, como músculo, es un corazón máquina, visible, físico. Es un corazón que representa la materialización, la revolución industrial, lo físico, lo medible.

c) *El corazón de san Agustín.* El corazón como asiento del amor, los sentimientos, el alma. Aquí reside lo más íntimo de mí, incluso la divinidad. Como hemos visto en otros lugares, san Agustín, y especialmente sus *Confesiones,* es de gran importancia y trascendencia, se convierte en el itinerario interior de un buscador. Agustín equipara la palabra *corazón (cor)* con la expresión *mirada interior (imtima mea).* Agustín dice que el corazón es la zona más interior e íntima donde se oculta mi verdad y afirma: «*Cor meum, ubi ego sum quicumque sum",* que puede traducirse como «Mi corazón, donde soy lo que soy». Si para Agustín el corazón es sentimiento y amor, para Cobin es la visión. El amor pertenece al alma y en el corazón está la *vera imaginatio* o imaginación verdadera, donde se refleja el mundo imaginal. Si al corazón le expropiamos la imaginación, nos queda tan solo el corazón del sentimiento, es decir, el corazón de Agustín. Y es que las imágenes, el ángel, precede los sentimientos, de ahí que Blake afirme: «Los sentimientos son influjos divinos que se desplazan a través del corazón en compañía de las imágenes».

El alma nace y se alimenta de la belleza, de la belleza de psique, y por eso la verdadera psicología, una psicología con alma, parte de la estética. Recuperaremos el alma al recuperar el sentido de la belleza. La belleza no debe ser tomada como embellecimiento y ornamentación, por ello debe ser desligada del arte. Platón y Plotino afirman que la belleza no es bella y no debe estar ligada al arte y lo atractivo visualmente. Su verdadero origen es la *aisthesis,* que ahora veremos detalladamente.

Para Corbin, la belleza es la manifestación del ánima misma. Hace mención a la teofanía suprema, que es *deus revelatus.* Hillman dice: «La belleza es pues la sensibilidad del propio cosmos, y tiene texturas, tonos y sabores». Esta alquimia divina brilla a través del azufre. La belleza no es un atributo o una apariencia, sino que la belleza es la propia esencia. Todas las cosas cuando despliegan su naturaleza innata se hacen bellas. Para Hillman, la belleza es una necesidad epistemológica y ontológica, pues es la forma en que los dioses alcanzan nuestro corazón y nos traen vida. El órgano que percibe es el corazón y para percibir debe imaginar. En el pensamiento aristotélico, el órgano de la *aisthesis* es el corazón, allí es donde arde el alma, de aquí que el análisis de este término sea el de percibir o sentir, y significa literalmente 'quedarse sin aliento', 'inspirar', meter dentro de nosotros el mundo.

Según Hillman, podríamos pensar que la enfermedad es una *aisthesis* errónea. Volvemos una vez más a Keats: «El mundo es el lugar donde se crea alma y la belleza es verdad». Debemos confiar en la *aisthesis,* en el sentido del corazón, según Hillman: «La respuesta estética individual es el perro guardián contra el diablo que se cuela en nuestras vidas cuando menos lo esperamos, camuflado en los disfraces más convencionales». Toda respuesta estética requiere de una respuesta moral, lo que se denomina *kalon hagathon.* Cuando nos aburrimos y dejamos de conmovernos por el mundo porque le hemos quitado el alma y la belleza, esto es el mal. Podríamos decir que nos hemos anestesiado, es decir, hemos perdido los reflejos estéticos.

Hillman sigue a los clásicos, que dicen que, para despertar el corazón sensible, es decir, para poder poner en marcha la *aisthesis,* hay que despertar el león que llevamos dentro. Para ello hay que ir al desierto, donde vive el león. Refiere nuestro autor que en el corpus de psicología animal *Physiologus,* los cachorros de león nacen muertos y hay que despertarlos a la vida a través de un rugido. El león ruge para despertar a los jóvenes leones que habitan nuestros corazones. Hay que rugir furiosamente para que la belleza salga a la vida, por eso Masilio Ficino llamaba a la belleza provocación, es decir, *kalos.* El poeta Wallace Stevens dice: «El león ruge al desierto…». Siempre ha existido una relación con el león y el santo (recordemos a los eremitas del desierto, san Pablo el ermitaño, santa Maria Egipciaca, incluso san Marcos). Hay que buscar las pasiones del alma, pues, cuanto más grande sea nuestro desierto, mayor será nuestra cólera, y esa cólera es amor. Las pasiones del alma hacen habitable el desierto, se vive dentro del corazón que está dentro del león. El desierto no está en Egipto, como refiere Hillman y Pablo D'Ors, sino está en todas partes. La bestia del desierto es nuestro guardián para una vida sin pasión. La ira y la cólera nos dan miedo y no nos atrevemos a rugir, por eso se produce el infarto. Hillman nos recuerda: «En el *Fedro* de Platón solo hay una plegaria y oración, que es de Sócrates. Se la dirige a Pan, que es un dios animal: "Concédeme la belleza en el alma interior"». El corazón como león es el rey de los animales y nuestra belleza interior proviene del animal del corazón, «el león alquímico que se come el sol». Nuestro león se enfurece, nuestro azufre arde y nuestro santo es devorado por los leones. Como podemos dar rienda suelta a nuestra violencia, debemos sublimarla; por eso el azufre negro y el rojo y el león verde en la alquimia deben ser sublimados. Para ello se hacen varias cosas, una de las cuales es cortar las patas al león para que no alcance el mundo. La otra es aclarar el verde ardiente, puesto que el corazón es de color verde, al igual que el *himma,* verde como el azufre en estado natural. Esta operación es lo que se llama en alquimia *blanquear el corazón,* es decir, convertir el azufre en blanco como la nieve. Hay un dicho alquímico que lo refleja: «El león se doméstica en la leche de la virgen». El corazón, al transformarse en blanco, se debilita y *des-anima.*

Avicena, médico y sufí, nos lo relata: «Todo corazón. En la circulación de la sangre hay una circulación de la luz. Si nos debilitamos, la pasión roja se pone blanca de compasión». El corazón se puede poner blanco también por las ilusiones, pues la imaginación surge de un corazón que es consciente de sus imágenes.

Hillman afirma: «Hay que devolver a la imaginación el sentido animal, recordando al león del corazón. Un corazón que despierta con la respuesta estética». De la misma manera Corbin hablaba de que el pensamiento del corazón requiere activar un pensamiento animal. Hillman siguiendo a Corbin señala: «Para que cada uno de nosotros pueda hacerse bello por dentro es necesario que el león lleve su dignidad a nuestro comportamiento. Con el león vive el santo. Ser es ser percibido. Nosotros no miramos las cosas, las cosas nos miran a nosotros. Eso nos recuerda cómo Paracelso nos cuenta, que el azufre da cuerpo, sustancia y estructura a la imaginación. Podríamos decir que el azufre determina qué cuerpo es el adecuado para cada uno. Aquí en este pensamiento subyace que todo en el universo está animado, como el panpsiquismo ha puesto de manifiesto, pues el *anima mundi* no es en realidad el alma del mundo, sino la chispa que anima todo el cosmos, toda la existencia. Hillman refiere: «El mundo está animado, tiene un rostro, una fisonomía. Las cosas hablan, nos miran, se manifiestan. Los movimientos del *anima mundi* animan las cosas e influyen en nuestra imaginación».

La vieja psicología nos dice que las cosas están muertas porque no experimentan (sentimientos, emociones, recuerdos), es decir, las cosas no sienten porque no tienen subjetividad ni interioridad. Esta actitud hace que matemos el mundo y nos encierra en nuestro yo como único ente que siente, recuerda y percibe la emoción; de hecho, si se nos ocurre afirmar que las cosas tienen vida propia y que sienten es posible que nos deriven al psiquiatra, pensando que sufrimos un brote psicótico. Por el contrario, y como hemos visto anteriormente, necesitamos otra forma de ver el mundo, una respuesta estética al mundo, algo que vincule el alma individual al alma del mundo.

Según la visión platónica, ambas almas están vinculadas y son inseparables. Podemos y debemos responder desde el corazón, despertando de nuevo. El órgano de la percepción y de la imaginación es el corazón y está unido a las cosas a través de los sentidos. Dice Hillman: «Esa respuesta estética ante la imagen que se nos presenta y que nos deja sin palabras, con gran asombro, es lo que se denomina *aisthesis*». Luego, para sentir mucho, debemos imaginar mucho y viceversa, es decir, debemos despertar el corazón estético o el corazón imaginal. Afirmaba Hillman: «Despertar el corazón imaginal para percibir el *anima mundi* requiere de un movimiento hacia el sur y desplazar la sede del alma, del cerebro hacia el corazón. Este es el movimiento de *poiesis,* es decir, metafórico y psicológico». Por eso Ficino llama al *anima mundi,* cuando traduce a Platón, Afrodita. Así, para Hillman, la psicoterapia es una actividad estética, no una ciencia: «Para hacer psicoterapia se requiere de un afinamiento de la percepción. Se basa en el corazón que imagina y siente, es decir, de un trabajo invisible de crear alma».

Hillman hace un alegato para recuperar la educación humanista que requiere que utilicemos la *aisthesis* como herramienta de conocimiento del mundo. Según Hillman, la respuesta estética se parece a un sentido animal del mundo, una especie de olfato, una forma de percibir el mundo: «Cualquier gato es más sabio que un psicoanalista». Para volver a la *aisthesis* debemos realizar el trabajo más lentamente, prestar atención a cada suceso y a las cualidades de las cosas. Esto es lo que se denomina *notitia*, es decir, la observación atenta que nos permite un conocimiento carnal e íntimo de las cosas. Es una contemplación gozosa de los detalles, una especie de personalización de todo lo que nos rodea.

Hillman nos recuerda: «La percepción del *anima mundi* requiere adverbios y adjetivos que imaginen los sucesos concretos del mundo mediante imágenes concretas para percibir el valor de las cosas y sus virtudes, y para ello añadimos elementos y cualidades secundarias como sabores, olores, etc.».

Y para terminar este apartado y aunque la cita de Hillman sea extensa, creo que merece la pena:

> "No debemos reprimir el *anima mundi,* pues esta idea recorre todo el pensamiento occidental: Platón, estoicos, Plotino, Ficino, Swedenborg, románticos, trascendentalitas americanos. También en el grupo de Jung, la poética del espacio y la materia de Bachelard, Yeats, Rilke, Wallace Stevens. La reelaboración de nuestro pasado cultural no requiere acudir a la tradición del Himalaya, al monte Athos, sino al corazón imaginativo de la ciudad renacentista. Valora más el alma que la mente, la imagen que el sentimiento, lo singular que lo universal, la *aisthesis* y la imaginación que el *logos* y el pensamiento, la cosa que el significado, la observación que el conocimiento, la retórica que la verdad, lo animal que lo humano, el ánima que el yo, el qué y el quién que el porqué".

No se puede decir más.

Sueños, muerte e inframundo

En el pensamiento científico, cartesiano y por supuesto, freudiano tenemos un concepto inadecuado de los sueños, como material de desecho del inconsciente y restos diurnos de la conciencia vigil. Pero Hillman, como no puede ser de otra manera, hace una aproximación mitológica y arquetipal a los sueños, y utiliza el trabajo de Henry Corbin, el método *Ta'wil*, que es un método sufí donde se produce una reversión, es decir, volvemos al origen, principio y arquetipo. Es una *ressemblance*. Lo explica literalmente Hillman: «Este proceso es un puente que conecta un evento con su imagen, un proceso psíquico con su mito. Este proceso es un túnel hacia el alma y por ello, es una terapia entendida como culto al alma, y esto remite mitológicamente al inframundo».

Freud a través de su tratado *La interpretación de los sueños* del año 1899 sintetizó tres dimensiones de los sueños: una visión somática, que se centra en el reflejo de procesos corporales, como la sexualidad; una visión racionalista, que expresa los sinsentidos de mucho del material onírico, y una visión romántica, que expresa que todo sueño tiene un mensaje. Para Freud, el sueño se basa en experiencias diurnas y cada sueño lleva incorporado una huella de memoria de impresiones de la vida diurna y real, es decir, el sueño es una imagen percibida subliminalmente del mundo consciente. Freud trata de traducir el significado del sueño al lenguaje de la vida consciente. Para Freud y los psicoanalistas, la terapia es el instrumento que permite al ego lograr una conquista progresiva del ello, hacer consciente lo que es inconsciente. Para los junguianos, la interpretación de los sueños se realiza para tener información acerca del proceso de individuación y su significado es simbólico, no el literal.

Para Hillman, debemos volver a Heráclito, que se convierte, según él, en el primer psicólogo profundo de nuestra tradición, al vincular *psique, logos* y *bathum* (que es profundidad): «No podrás conocer los confines del alma por más que viajes, así de profundo es su *logos*. La conexión invisible es más fuerte que la visible». Para Heráclito lo verdadero equivale a lo profundo, y para llegar a la estructura básica de las cosas es necesario internarse en el lado oscuro. De ahí su sentencia: «La constitución real de cada cosa acostumbra a esconderse». El primer movimiento del alma es profundizar. Allí donde lo profundo no tiene fin todas las cosas, se convierten en alma. Según Platón, en el ser humano existe una sed de buscar las conexiones invisibles y encontrar las conexiones más allá de las apariencias, lo que él denominó «deseo de Hades». Hillman hemos visto que lo traduce por *soul making,* es decir, *hacer alma.*

Hades es el dios de las profundidades, el dios de lo invisible. La naturaleza ama esconderse, al igual que la naturaleza ama a Hades. Hades es un dios sin templos, sin imágenes, no tiene descendencia y su único atributo es el águila. Se le ha dado también el nombre de Plutón, que significa 'riqueza', las riquezas que se esconden en lo invisible. Es un dios que confronta con el mundo a través de la violencia. No se le rendía culto, ni siquiera se hacían sacrificios en su honor. Hades es una presencia escondida; de hecho, se le representa en el arte sin poderle ver la cara. Hades es el ocultador, el demonio de la muerte, por ello sus atributos y características son la oscuridad, lo oculto, lo oscuro, lo esotérico, lo secreto, lo interior. Hades se relaciona con Hermes, pues los dos llevan casco; de hecho, se creía que el casco de Hades pertenecía a Hermes. Este casco le otorga la posibilidad de hacerse invisible. No conocemos sus pensamientos y no sabemos lo que trama.

La característica más importante del inframundo es que no existe cambio ni deterioro, pues no pasa el tiempo. El destino final de toda alma es el Hades, por eso, todos los fenómenos psíquicos y todos los procesos del alma se mueven hacia este inframundo. El proceso de individuación se dirige hacia el Hades, pues nuestro propósito verdadero se dirige hacia la muerte, hacia lo profundo. La tradición clásica es fértil y clara con respecto a que el sueño pertenece al Hades, desde Homero, pasando por Virgilio y Ovidio hasta múltiples autores de la antigüedad clásica. Si la representación simbólica del infierno en el cristianismo es el fuego, en la época clásica el inframundo es de un aire frío y denso, sin luz. El inframundo está plagado de múltiples espíritus, es decir, esas ocultas regiones están presididas por la multiplicidad. Por ello el inframundo y los sueños nos dan una perspectiva politeísta. El pensamiento racional y científico ha asumido el inconsciente, como los estratos profundos de la psique; pero existen estratos más profundos del ser, el inframundo y este profundo estrato de los muertos no está desvitalizado y muerto, sino que está activo.

El dios del inframundo es Dionisio; es más, Hades y Dionisio son el mismo. Estas imágenes que sustentan este mundo son formas de animales, música y danzas desenfrenadas, es decir, dionisiacas. En este inframundo solo existen almas, es un mundo solo y exclusivamente de psique. El conocimiento de uno mismo requiere bajar al inframundo, a un estrato más profundo que el inconsciente.

Hades tiene como esposa a Perséfone, hija de Deméter. Por ello, en el inframundo rige la triada Hades–Perséfone–Deméter. Para Hillman la expresión *penetrar el inframundo* significa la transición desde el punto de vista material al psíquico. En muchas ocasiones esta entrada la puede facilitar Hermes, que continuamente nos está mandando mensajes de los dioses. La reina del inframundo es Perséfone. Según los escritos gnósticos, que también recoge Dante, hay un lugar en el inframundo donde reina el hielo y el frío; de hecho, el río Estigia está helado, como lo están las almas, pues el alma de los muertos esta fría. A Hades se le conoce como «el que cierra las puertas». Mientras muchos clásicos piensan que el inframundo es frío, Platón creía que era fango asqueroso que denominaba *borborophoba,* de donde deriva la palabra borborigmo. Se asocia con los intestinos, sede para algunos del alma, regida por el calor, el hedor y estar en una zona profunda.

Los muertos siempre nos susurran, por eso, para escucharlos debemos acercarnos y tratar de entenderles. Las sombras del inframundo, que ya difíciles son pues reina la oscuridad, se denominan *skia.* Las imágenes del inframundo son visibles y no son como las imágenes de los sentidos, sino como metáforas. Para Platón, las imágenes oníricas son comparables a las sombras. Son imágenes, *eidolon,* que se resguardan de la luz, que dan profundidad, misterio y metáfora. La escena en el sueño es una metáfora y la manera de percibir las imágenes es con la imaginación, por eso Bachelard nos dice: «Percibir e imaginar son tan antitéticos como presencia y ausencia». Soñar es imaginar y dice Hillman que los sueños llaman a la imaginación desde la imaginación y solo pueden ser respondidos por la imaginación.

El inframundo es un mundo de sombras, un mundo negro. Hillman prosigue: «Una psicología onírica que está basada en la fenomenología mítica del inframundo convierte imaginativamente las realidades de la vida cotidiana en sus sombras». Así, se aparta totalmente de la visión de los sueños de Freud y de Jung, pues para él el sueño no es algo o alguien, no es una representación de algo o alguien de nuestro mundo diurno, ni son rasgos o aspectos de mí mismo. Lo que soñamos tiene una dimensión mítica o arquetípica directamente vinculada con el alma. En los sueños debemos prestar atención a los nombres, pues la esencia de la persona está contenida en su nombre, ahí está el alma del individuo. De la misma manera debemos estar pendientes de qué funciones o roles tienen los personajes en el sueño. Nombre y función son esenciales. Todas las culturas con gran componente espiritual han honrado, trabajado y estudiado el inframundo (los egipcios, Eleusis, los nativos americanos), pero el pensamiento racionalizador asimiló el inframundo con el inconsciente, y esto para Hillman es un grave error. El único destacado personaje occidental que preservó el inframundo fue Dante a través de su *Divina comedia*.

Para Hillman, los sueños son homeopáticos, lo que quiere decir que la imagen concentra sus contrarios y oposiciones. De la misma manera Hillman hizo un análisis crítico del cristianismo donde recoge la frase de Tertuliano que dice: «Cristo descendió a los infiernos para no tener que descender nosotros». Cristo, como héroe solar, desciende a los infiernos como otros grandes héroes que le precedieron, como Hércules, Orfeo, Dionisio, Apolo, Asclepio, Ulises... Es inevitable tener que bajar al inframundo para encontrar el alma. La diferencia es que Cristo descendió a los infiernos y ascendió de ellos venciendo la muerte, y eso nos trajo la resurrección cristiana. Este movimiento de Cristo hace que al inframundo se le personifique con el mal. La muerte se equipara al pecado y el inframundo termina convirtiéndose en reino del diablo.

Hillman crea una técnica para trabajar los sueños que es diferencial a todo lo creado por la psicología contemporánea y que lo acerca al trabajo con los sueños de los sacerdotes, chamanes y filósofos de la antigüedad: «El sueño es un proceso de digestión de hechos diurnos que son metabolizados y se convierten en sustancia psíquica. Este trabajo extrae materiales de la vida y los convierte en alma cada noche. Soñar e interpretar lo soñado es un morir al mundo diurno rumiando las realidades literales hasta transformarlas en metafóricas».

Los personajes que aparecen en sueños son figuras del reino intermedio que se llaman *metaxy*. Son divinos y humanos, subjetivos y objetivos, personales y arquetípicos, todo a la vez. Para descender, necesitamos de un guía psicopompo que nos muestre el camino hacia las profundidades. Es aquí donde aparece Hermes. Para Hillman, a diferencia de los héroes solares, que son ascendentes y representan el ego, debemos ir en sentido contrario, a las profundidades, donde el sueño es una iniciación y el ego es el enemigo, pues literaliza las imágenes: «Matamos las imágenes cuando tratamos de interpretarlas. Para nosotros la regla de oro cuando tocamos un sueño es mantenerlo vivo. El trabajo onírico es conservación, y conservar implica no interpretar y quedarse con el sueño, tal y cual es», afirma Hillman.

Hillman denomina *trabajo onírico* a esta actividad con los sueños que dice que es una actividad imaginativa y artística como los pintores y escritores. Durante el sueño, la mente mueve, fermenta, trabaja, por eso Heráclito decía: «Los que duermen son trabajadores». Señalaba que durante el sueño se produce una actividad como los herreros míticos del inframundo, los enanos o gnomos que trabajan duramente por la noche en el inframundo. Para Hillman, a la psique le basta con sus propias imágenes, tan solo con imaginar poéticamente su cuerpo físico y sus imágenes. Para Hillman, Narciso es el santo patrón de la imaginación, pues entregó su amor a una imagen reflejada y esta le condujo al inframundo. Esto entronca con el *Cratilo* de Platón, que refiere que el alma desea estar en el inframundo porque allí encuentra su satisfacción, las imágenes son el verdadero alimento del alma. Un sueño es efectivo mientras siga vivo para el soñante. Para ello debe experimentarse como que el sueño es algo real, entonces sí afecta a la vida del soñante. El sueño trabaja sobre la conciencia de esta manera y entonces sí trasforma la materia diurna en alma. La manera en que se nos presenta un sueño ya es parte de lo que expresa, pues los sueños para Hillman nos vienen en «estilos literarios». De ahí que, el verdadero trabajo onírico es el trabajo de poner las imágenes en palabras, es decir, es un trabajo de *poiesis*. Aquí el trabajo de Hillman le debe mucho a Gastón Bachelard y su trabajo sobre los elementos de la imaginación.

Para Bachelard, cada sueño se relaciona con un elemento, siendo cada elemento (tierra, agua, fuego y aire) polivalente y teniendo varios significados. Bachelard, al igual que Heráclito, piensa que la esencia de la psique es el principio del movimiento y que los sueños son ambiguos por la multiplicidad de sentidos, por eso la ley básica de la imaginación es la duplicidad. Él hablaba de «politeísmo interior». Según Bachelard, la actividad de la imaginación no es componer imágenes, sino transformarlas y hacer un bricolaje y composición especial, una obra de arte. Por eso esta forma de pensar en la imaginación tiene tantas correspondencias, como hemos visto con el *opus contra natorum* de la alquimia y el arte de la memoria. La alquimia es un buen modelo para lo que estamos tratando aquí, pues es un *opus,* un trabajo sobre materiales oníricos que producen una trasformación, una profundidad interior y psíquica. Los sueños se fabrican mediante un proceso de coagulación, condensación, intensificación, repetición, etc. El bricolaje del sueño es una operación de cocción sintética del trabajo onírico. Durante la noche se produce una cocción de este material psíquico. En esto se basa el *soul making* de Hillman. Este término de Hillman, que lo hace único en el pensamiento contemporáneo, es un trabajo minimalista que él también ha denominado *mística orgánica,* pues la creación de las imágenes se realiza de una manera orgánica.

A través de Hades, retiramos las cosas de la naturaleza y las colocamos en la profundidad de la psique, mediante la deformación, la tensión y la tortura, por lo que Hades hace un trabajo destructivo. El sueño no debe interpretarse, pero sí analizarse. Este análisis que Hillman denomina trabajo onírico es lo que los sufís denominaban *Ta'Wil* y que nuestro autor describe así: «Es el esfuerzo de la inteligencia que nos introduce en el sueño y sigue la guía imaginativa deformadora». Algunos autores hillmanianos como López–Pedraza denominan a su trabajo «pegarse a la imagen».

En toda su obra Hillman hace una reivindicación de Heráclito como el primer psicólogo de la tradición occidental, el creador de la metáfora profunda del alma. Para el «filósofo oscuro», llamado así por su complejidad, estilo lleno de paradojas, símbolos y acertijos, «el principio básico de todas las cosas no son los elementos, átomos y los números, sino el alma. Cuando estamos vivos nuestras almas están muertas y cuando morimos nuestras almas vuelven a la existencia y viven. Por esto y por muchas otras cuestiones podemos decir que Heráclito era un pensador dionisiaco.

Para Heráclito, en el Hades el sentido dominante es el olfato sobre todos los demás; el menos importante, la vista. El olfato es tan importante porque el hecho de oler algo es como captar su espíritu; olfateamos lo escondido, lo oculto. El olfato es el sentido del inframundo. Si nos dirigimos a un neoplatónico importante como Filón de Alejandría, decía que la conciencia comienza con la exploración de los olores. Por ello, al padre de Abraham, Filón lo considera un Sócrates, se le denomina, *terah,* es decir 'explorador de olores'.

Dormir nos pone en contacto con la muerte, con las imágenes. Este trabajo onírico, este *ta 'wil,* va construyendo un alma particular. Dice Hillman: «Este trabajo deformativo y trasformador de los sueños construye la casa de Hades o muerte individual de cada uno. Cada sueño es un ejercicio de entrada al inframundo, una preparación de la psique para la muerte».

De la misma manera, Hillman habla de que existe un amor en el trabajo con los sueños, una sensación de ser amado por las imágenes, un amor basado en la relación del individuo con sus imágenes. Podríamos hablar de un *amor imaginal.* Este amor es similar al amor de proximidad a la muerte, del amor del anciano. Platón en su *Fedro* habla de un eros especial, un eros de los misterios y de los iniciados del alma, lo que él denomina un «eros telestésico».

Desde este punto de vista, el terapeuta se convierte en un explorador del sueño. El encuentro terapéutico se traslada al ámbito psíquico del inframundo, donde las imágenes guardan los más profundos enigmas y son una parte esencial para una persona comprometida con su *soul making.*

Como hemos visto con anterioridad, debemos regresar a nuestro paisaje interno, a Grecia, como metáfora de nuestro reino imaginal. El guía para este retorno es el dios Pan. Es curioso cómo la muerte del dios Pan coincide con el ascenso del cristianismo y de Cristo como héroe solar, como el Único, el hijo de Dios, y por lo tanto, con el paso del politeísmo al monoteísmo. Este cambio, metamorfosis y trasformación, nos llevó del dios pagano que vive en una caverna que canta y baila, y que es como una cabra ingobernable con sus pezuñas y cuernos a Cristo, el Buen

Pastor, que utiliza la palabra y cuya morada es el monte. No canta ni danza, y no es un símbolo fálico como Pan, sino muy al contrario, está vestido, utiliza la palabra y es asexuado.

Si volvemos a la imaginación pagana, significa retornar a Pan, y esto significa dejar de lado los prejuicios que nos han hecho ser tan civilizados. El retorno a la Grecia imaginal no es algo bucólico, nostálgico y romántico, sino más bien al contrario, bajar a la caverna. Como nos sugiere López–Pedraza, Pan se manifiesta en nuestras pesadillas, el miedo, la masturbación, es decir, en nuestras pulsiones. Pan es el dios de la naturaleza, originario de Arcadia, que es un lugar físico y psíquico. Como he dicho Pan (también llamado Fauno y Silvano) vive en las grutas, fuentes, bosques y lugares salvajes, nunca en los lugares civilizados como las ciudades y pueblos. Pan es un vagabundo, dios de pastores, pescadores y cazadores. Su padre hay quien dice que es Zeus, Urano, Cronos, incluso Hermes. Es abandonado por su madre, que es una ninfa del bosque, cubierto por una piel de liebre con la que su padre, Hermes, le envolvió. De hecho, Hermes lo traslada al Olimpo, donde es aceptado por todos los dioses, muy especialmente por Dionisio. En esta imagen vienen recogidos muchos valores, como que la piel de liebre significa que es un animal consagrado a Eros, con Afrodita, y relacionado con la Luna. Su alegría tiene que ver con su relación con Dionisio y Hermes, que le da su dimensión mercurial. El *mitologema* está servido, un niño abandonado en el bosque recubierto con una piel de animal y que es agradable a los dioses. Bajo la piel de la liebre acecha la cabra, la naturalidad, el aspecto instintivo y natural, no controlado por el yo. Pan es protector y destructor a la vez; de hecho, en el relato de Apuleyo Pan protege a psique del suicidio:

«La muerte de Pan significa alejarnos y matar a la naturaleza, es decir, la literalización de la realidad. Todo pierde su magia, su encantamiento», nos dice Hillman en su brillante libro *Pan y la pesadilla*. Hasta entonces, cada objeto estaba personalizado por un dios, es decir, todo estaba vivificado, todo era sagrado. Cuando el ser humano literaliza la realidad y se aleja de la naturaleza, Pan, que no ha muerto, solo se ha reprimido, vuelve en la psicopatología. Con el ascenso del cristianismo se asocia a la figura del diablo. Si Pan es el dios de nuestra naturaleza interior, Pan es el instinto, del que ya hemos hablado en extenso en este texto. Pan no existe en el mundo natural. Su naturaleza es totalmente imaginal y su núcleo fundamental es la angustia, el miedo, el deseo, los impulsos y la sexualidad. Según Hillman, debemos conectarnos a través de la naturaleza para estar en contacto con lo numinoso, con lo inconsciente, con lo misterioso, con nuestro instinto, y de esta manera lo estaremos con Pan. Para Hillman, el miedo y el temor es sabiduría. Quizás la metáfora más inmediata de Pan es la masturbación, pues lleva implícito el impulso, el deseo y el instinto, pero también la angustia y el miedo. La masturbación es una manifestación de Pan. Pan está rodeado de Ninfas a las que ama, como en la alquimia el sol ama a la luna y el agua al fuego. Pan, junto a las ninfas, pertenece a un complejo arquetípico. Para Homero, las Ninfas se personifican por las brumas y nieblas que ocultan las montañas y valles. De todas las ninfas, solo tres tienen nombre, y son las que generan los sonidos de la naturaleza: Siringe (con la que se hace su flauta), Pitis (ninfa del pino que le da su corona a Pan) y Eco. La muerte de Pan lo trasliteraliza en el diablo. A su vez mueren las ninfas, que terminan convirtiéndose en las brujas. Pan y las ninfas tenían efectos curativos, pues curan por la imaginación. Las aguas y los lugares donde vivían eran sanadores, pues tenían un *spiritus loci* que era sanador. Pan y Asclepios reúnen similitudes: los dos son sanadores, curan por los sueños y tiene como atributo la música. De la misma manera a Pan se le asocia con la enfermedad mental, con la manía y con la epilepsia. En Pan están las ninfas y en cada ninfa hay un Pan. La muerte de Pan significa el triunfo del amor, el amor que representa Cristo, y por ello la sexualidad desenfrenada es vencida por el amor, por Eros, pero aun así Pan se oculta en las cavernas de la psique y en los desiertos del alma.

Pese a que Pan está en la naturaleza, en Atenas se le rendía culto. La hora adecuada de Pan era el mediodía, pues es el momento en el que la sombra y yo somos uno y es un momento de transición. Como dice Hillman: «Los momentos de transición, el mediodía, la medianoche, el alba o el crepúsculo son momentos en que algo extraordinario las atraviesa. El tiempo se detiene y aparecen los fantasmas».

Pan es el puente entre la naturaleza y la psique, y por lo tanto el que permite que ambos estén unidos. El conocimiento de uno mismo reconoce la presencia de Pan en las cavernas más oscuras de la psique, y por ello el autoconocimiento requiere y necesita de Pan. Para Sócrates y Platón era así, cuando en el *Fedro* de Platón se dice: «Sócrates: ¡Oh, Pan querido y demás dioses del lugar, concededme el ser bello en mi interior y que todo lo de mi exterior esté en armonía con lo que hay en mi interior!". Sócrates, como Pan, un reconocimiento a su verdadera naturaleza instintiva.

Claves para un cambio de mirada

Hemos llegado al final del camino, pero solo en apariencia, porque el camino continuará, pues el ser humano seguirá imaginando y buscando la cuna de su origen. Y es que nuestro camino debe tener una utilidad para los que nos van a preceder. Por eso se escribe este libro, para anunciar a las generaciones de hombres y mujeres venideras que existe otra forma de mirar el mundo, de entenderlo y de relacionarse con él.

Este camino nos ha traído desde las arenas del desierto de Egipto hasta Grecia y el canal de transmisión cultural más grande de la historia: el Mediterráneo. Nos ha llevado desde el origen del pensamiento hermético, en un núcleo muy especial, Alejandría, y nos ha proyectado hacia África y Europa. Nos ha hecho vislumbrar las bases de la espiritualidad sufí y el nacimiento de la alquimia. De la misma manera, este pensamiento hermético nos ha llevado al Renacimiento italiano, así como al movimiento romántico literario y al pensamiento perennialista. Toda esta corriente de pensamiento que ha ido emergiendo a lo largo de la historia confluye en pleno siglo xx en la persona de C. G. Jung y de James Hillman. Este trayecto apasionante a lo largo de la cultura y la historia de las ideas nos han traído hasta aquí. Y ahora, ¿qué derroteros experimentará nuestro pensamiento, nuestra cultura y nuestra ciencia?

La gran trasformación tecnológica que nos ha traído el pensamiento aristotélico a lo largo de los siglos y que va a seguir trasformando nuestra manera de ver las cosas debe confluir con una revolución humana, con una *metanoia,* es decir, una trasformación en la manera de entender y comprender el Cosmos, el ser humano y la naturaleza de la que forma parte.

Grandes místicos y pensadores como Aurobindo en Asia o el jesuita Theihard de Chardin ya hablaban con claridad a principios del siglo xx de la trasformación evolutiva del ser humano. Según ellos, debía producirse un salto cualitativo en la evolución del ser humano y, por tanto, del planeta Tierra en su conjunto, que nos lleve a un conocimiento más profundo de la existencia. Esta trasformación, estará posibilitada por un cambio en el estado de conciencia de los individuos que nos acerque a una mayor espiritualidad. Ciencia y espiritualidad no son dos disyuntivas que haya que elegir, o dos caminos separados por la fe y la creencia. Ciencia y espiritualidad son distintas dimensiones del mismo y único camino que existe. Como decía el premio nobel de la paz, Albert Schweitzer, lo más desgarrador para la existencia humana es no tener un modelo de mundo; por ello él proponía que el reto más importante del ser humano es poseer un modelo, crearlo teóricamente, verificar las teorías científicas en y a través del mismo, y luego darle una dimensión ontológica, es decir, operativizarlo, vivirlo.

Este reto nos lleva en este momento a que debemos profundizar en la ciencia, muy especialmente en la física cuántica, en las teorías cosmológicas sobre el universo y en la ciencia del cerebro, la mente y la consciencia. De nuevo se pone en marcha la unificación del microcosmos y el macrocosmos, para tratar de tener una visión unificada de la existencia. Para tener esta visión integral de la existencia el ser humano debe recuperar la visión hermética de la vida, reactualizando las metáforas antiguas para que se vean refrendadas por la ciencia contemporánea. Es escapar de la falacia de la ciencia para caer en manos del alma del mundo. El ser humano integral y completo será aquel que aporte esas dos dimensiones de la existencia, la ciencia y el espíritu, y no caiga en reduccionismos absurdos. Por ello, mientras el ser humano se centra en observar el macrocosmos, trata de entenderlo y avanza en el conocimiento físico de la realidad, debe examinar la urdimbre de la realidad a través del conocimiento de uno mismo. Tendríamos que hablar del autoconocimiento del microcosmos que encerramos en nuestro interior para llegar a la conclusión de que el macrocosmos y el microcosmos no están separados, sino que existe una vaporosa línea porosa, intermedia, que dota de integrabilidad y continuidad a la existencia.

Nos da igual que este mundo intermedio o interfaz de mundos la denominemos con el nombre egipcio de *duat,* con el nombre sufí de *barzajk* o con el nombre latino de *mundus imaginalis,* lo importante es que entendamos que, entre el cielo y la tierra, entre la materia y el espíritu, entre la luz y la oscuridad, hay un mundo intermedio donde se operativizan trasformaciones importantes para la existencia. Llegar a percibir, conocer y profundizar este mundo intermedio, es el reto que te ofrezco, querido lector. Las claves para ello están en este texto y pasan por un cambio de visión, que el ojo del corazón sea el órgano preponderante, y la intuición y *aisthesis* sean nuestra guía interior. Han existido muchas técnicas a lo largo de la historia que han tenido como utilidad y objetivo entrar en ese mundo intermedio y vivir desde él sin pertenecer a él.

Quien adquiere esa visión intermedia, esa visión imaginal, es capaz de que se trasformen espontáneamente su mundo físico y su mundo mental. Puedo llegar a ese mundo a través de las prácticas espirituales de diversas tradiciones, también a través de la imaginación activa que Jung empleaba, o del método del arte de la memoria que tan bien nos describió Frances Yates y que se retrotrae hasta la antigüedad primordial, o bien a través del *hacer alma* que describe Hillman, pero siempre y en todos los casos será bucear en el interior de la experiencia para ser conscientes de que el mundo está vivo y que podemos captar su poesía.

El mundo, el Cosmos, es un gran poema épico, y el ser humano es una estrofa en este gran escenario mitopoético. Cada vida, cada suceso, cada sentimiento y experiencia, es una metáfora que refleja la profundidad del alma. Porque, en definitiva, alma somos y como tal debemos ver el mundo.

Epílogo

La obra terapéutica de Julio Zarco, su trabajo diario como médico, oculta a ese otro Julio poeta y sobre todo escritor, filósofo. Cuando se lee su prosa se tiene la impresión de un enorme, diría que meticuloso esfuerzo de cicatrización entre los bordes de una herida cultural, causada, de manera involuntaria tal vez, por el Renacimiento y luego por la Enciclopedia, en un camino de atomización casi luciferino que nos ha llevado a esta esquizofrenia mental de la que todos en Occidente, pero también en Oriente, somos víctimas. En el campo de la medicina las terapias holísticas nos han acercado a intuir ese tótum que es el ser humano, a redescubrirlo como unidad, pero en el del pensamiento psicológico y antropológico aún estamos en los comienzos. Falta alma y, sobre todo, atención a los asuntos del alma. Y esa carencia es la que viene a remediar la obra de Julio. Confieso que siempre que lo leo me pregunto de dónde saca tiempo para leer tanto, relacionar casos y cosas, y afinar su oído ante la puerta secreta que los maestros —Jung, Hillman, Maslow— han dejado entreabierta para unos pocos, todos ellos miembros de la fraternidad de la sabiduría, que no del simple conocimiento. Es cierto que el análisis nos ha llevado muy lejos en su vocación por lo exacto. No hay ni puede haber error en el número de las dioptrías, pero ¿y en la mirada? Nuestro mayor dolor, como el de tantos pacientes, es un penar cosmológico, una sed de consuelo que va de caída en caída añorando caricias celestes. Creo que el doctor Zarco sabe esto y acude a los viejos dioses y mitos para extraer de ellos chispas de sentido. Ingente e ímproba tarea por la que debemos felicitarnos. Otro trabajo suyo digno de atención se abre camino ahora incorporando semillas de ideas nuevas, ramas entrelazadas de aquello que Goethe nombró «el árbol verde y dorado de la vida». Curar fue, desde sus apolíneos comienzos, un arte. Cuando un médico es, además, un pensador como Julio Zarco, sentimos el claro orgullo de la admiración y un poco más de gratitud, que siempre escasea en un mundo lleno de vanidad y dolor. Aquello que vale la pena no pasa inadvertido, aquello que nos ilustra suscita el brillo que todos llevamos en nuestro interior.

Gracias, doctor.

Mario Satz
Escritor

Agradecimientos

Este es un libro dictado por mi *daimon,* y por ello es muy difícil dedicarlo, pues han sido muchas personas y avatares del destino los que me han llevado hasta él. Sin lugar a dudas todas y cada una de las personas significativas que han aparecido en mi camino han sido importantes: profesores, alumnos, compañeros de trabajo y de vida. Marcó mucho mi destino mi primera profesora, Dulce Mari, que me abrió las puertas de la sensibilidad y el amor a los demás.

Agradezco a mis antepasados, que protegen mi alma y cuidan con esmero de *mi imagen,* en especial mis abuelos, especialmente mi abuela Carmen y mi abuelo Julio, que desde el mundo intermedio apoyan cuanto hago.

Agradezco a mis padres el soplo vital y la generosidad de traerme a esta existencia. A mi padre la determinación y el *carácter,* así como el sentido del humor y la capacidad intuitiva; a mi madre, la sensibilidad y espiritualidad que fomentó en mí.

Agradezco a Dulce haber sido compañera de vida y haber trasformado nuestras vidas en un horno alquímico que me ha trasformado en mejor persona. Ella supo ver en mí antes de que yo viera, creyó en mí y silenciosamente me guio con su mano.

Agradezco a Moisés su ayuda para que pueda conocerme a mí mismo. Él está conectado con su abuelo Vicente y su carácter me ayuda a ser más fuerte y valiente.

Agradezco a Sara su ayuda para conectarme con la sensibilidad y la belleza del mundo a través del corazón y el amor. Ella está conectada con su abuela Carmen y las dos crean un mundo más bello.

Agradezco a Yumara y a Moisés júnior que me permitan vislumbrar la eternidad a través de sus ojos. Gracias a ellos he podido comprender que los ángeles existen y que no todos transitan en el mundo del espíritu. Agradezco la generosidad de sus almas, que me permitan contemplar sus *daimones* y disfrutar de sus destinos. Cuando esté en el mundo intermedio protegeré vuestra imagen.

Agradezco al profesor Carl Gustav Jung, que haya sido maestro desde el otro lado, que me haya elegido y que me visite en sueños.

Agradezco al profesor James Hillman, por haber sido generoso conmigo compartiendo su conocimiento y por haber sido el psicopompo que me ha conducido hasta el *mundus imaginalis*.

Pero sobre todo te estoy agradecido a ti, a ese desconocido que habita en mi interior, que vivifica todo aquello que observo y dota de alma cada acción, cada objeto y cada brizna de mi vida. A ti, mi *daimon*, gracias por cuidarme, hablarme y guiarme por el complejo camino de mi vida.

Bibliografía

Arnau, Juan, *En la mente del mundo,* Galaxia Gutenberg, 2022.

Arnau, Juan, *La meditación soleada,* Galaxia Gutenberg, 2024.

Arola, Raimon, *Alquimia y religión, lo oculto en el siglo XVI y XVII,* Siruela, 2021.

Arola, Raimon, *Cuestiones simbólicas,* Herder,2 015.

Arola, Raimon, *La actualidad del hermetismo,* Herde, 2020.

Bachelard, Gaston, *El derecho de soñar,* Fondo de Cultura Económica, 1985.

Bachelard, Gaston, *La filosofía del no,* Amorrortu Editores, 2003.

Bachelard, Gaston, *La poética de la ensoñación,* Fondo de Cultura Económica, 1993.

Bachelard, Gaston, *La tierra y los ensueños de la voluntad,* Fondo de Cultura Económica, 1996.

Berman, Morris, *El reencantamiento del mundo,* Cuatro Vientos Editorial, 2010.

Bonardel, Françoise, *La vía hermética. Introducción a la filosofía de Hermes,* Editorial Erasmus, 2025.

Campagna, Federico, *Técnica y magia,* Enclave, 2024.

Campbell, Joseph, *El héroe de las mil caras,* Fondo de Cultura económica, 1997.

Campbell, Joseph, *Las extensiones interiores del espacio exterior,* Atalanta, 2013.

Campbell, Joseph, *Las máscaras de Dios,* Cuatro tomos, Alianza Editorial, 1999.

Campbell, Joseph, *Los mitos en el tiempo,* Emecé Editores, 2002.

Campbell, Joseph, *Tú eres eso,* Atalanta, 2019.

Coomaraswamy, Ananda, *La trasformación de la naturaleza en arte,* Kairós, 1997.

Corbin, Henry, *Acerca de Jung,* Siruela, 2015.

Corbin, Henry, *El hombre y su ángel,* Ensayos Destino, 1995.

Culianu, Ioan, *Eros y la magia del Renacimiento,* Siruela, 1999.

De Quincey, Christian, *Naturaleza esencial: El alma de la materia,* Atalanta, 2022.

Durand, Gilbert, *Ciencia del hombre y tradición,* Paidós, 1999.

Durand, Gilbert, *De la mitocrítica al mitoanálisis,* Anthropós, 1993.

Durand, Gilbert, *La imaginación simbólica,* Amorrortu Ediciones, 2000.

Durand, Gilbert, *Lo imaginario,* Ediciones del Bronce, 2000.

Eliade, Mircea, *Aspectos del mito,* Paidós, 2000.

Eliade, Mircea, *El vuelo mágico,* Siruela, 1995.

Eliade, Mircea, *Imágenes y símbolos,* Taurus, 1999.

Eliade, Mircea, *Lo sagrado y lo profano,* Paidós, 1998.

Fideler, David, *Restaurar el alma del mundo,* Atalanta, 2023.

Filón de Alejandría, *Los terapeutas: de vita contemplativa,* Ediciones Sígueme, 2005.

García Bazán, F. y otros, *La voz de Filemón. Estudios sobre «El libro rojo» de Jung,* El hilo de Ariadna, 2011.

Gómez de Liaño, Ignacio, *El idioma de la imaginación,* Tecnos, 1999.

Gómez de Liaño, Ignacio, *Filósofos griegos y videntes judíos,* Siruela 2000.

Guenon, René, *El reino de la cantidad y el signo de los tiempos,* Paidós, 1997.

Guenon, René, *El rey del mundo,* Paidós, 2003.

Guenon, René, *Símbolos fundamentales de la ciencia sagrada,* Paidós, 1995.

Haas, Alois, *Visión en azul,* Siruela, 1999.

Hadot, Pierre, *Plotino o la simplicidad de la mirada,* Alpha Decay, 2004.

Hernández de la Fuente, David, *Las vidas de Pitágoras,* Atalanta, 2011.

Hillman, James, *Archetypal psychology, a brief account,* Spring Publication, 1997.

Hillman, James, *El código del alma,* Martínez Roca, 1998.

Hillman, James, *El mito del análisis,* Siruela, 2000.

Hillman, James, *El pensamiento del corazón,* Atalanta, 2024.

Hillman, James, *El sueño y el inframundo,* Paidós, 2004.

Hillman, James, *Emotion,* North Western University Press, 1997.

Hillman, James, *La fuerza del carácter y la larga vida,* Debate Pensamiento, 2000.

Hillman, James, *Pan y la pesadilla,* Atalanta, 2007.

Hillman, James, *Reimaginar la psicología,* Siruela, 1999.

Hillman, James, *Un terrible amor por la guerra,* Sexto Piso, 2010.

Jaeger, Werner, *Cristianismo primitivo y paidea griega,* Fondo de Cultura Económica, 2012.

Jung, Carlos Gustav, *Paracélsica,* Kairos, 1995.

Jung, Carl Gustav, *Psicología y alquimia,* Santiago Rueda, Buenos Aires, 1957.

Kingsley, Peter, *En los oscuros lugares del saber,* Atalanta, 2006.

Kingsley, Peter, *Filosofía antigua, misterios y magia,* Atalanta, 2008.

Kingsley, Peter, *Realidad,* Atalanta, 2021,

Libis, Jean, *El mito del andrógino,* Siruela, 2001.

López-Pedraza, Rafael, *Hermes y sus hijos,* Anthropos, 1991.

Mindell, Arnold, *El cuerpo que sueña,* Rigdem Institut Gestalt, 2006.

Moore, Thomas, *El cuidado del alma,* Urano, 1998.

Moore, Thomas, *Las relaciones del alma,* Urano, 1998.

Nante, Bernardo, *El libro rojo de Jung,* Siruela, 2011.

Ordine, Nuccio, *El umbral de la sombra,* Siruela, 2008.

Otto, Walter, *Dioniso, mito y culto,* Siruela, 1997.

Piñero, Ricardo, *El alma de la filosofía,* Rosameron, 2025.

Platón, *Diálogos,* Gredos, 2023.

Plotino, *Enéadas,* Losada, 2000.

Raff, Jeffrey, *Jung y la imaginación alquímica,* Atalanta, 2022.

Robertson, Robin, *Arquetipos jungianos, una historia de los arquetipos,* Paidós, 1998.

Schuon, Frithjof, *El esoterismo como principio y como vía,* Sophia Perennis, 2003.

Schuon, Frithjof, *El ojo del corazón,* Sophia Perennis, 2003.

Schuon, Frithjof, *La trasfiguración del hombre,* Sophia Perennis, 2003.

Weber, Andreas, *Vivificar,* Kairós, 2022.

Yates, Frances, *El arte de la memoria,* Capitán Swing, 2025.

Yates, Frances, *El iluminismo rosacruz,* Siruela, 2008.

Zimmer, Heinrich, *El rey y el cadáver,* Paidós, 1999.

Biblos

www.libros-biblos.com